KB216738

The Holy Secret of Tithe

――――――――― 님께 드립니다.

십 일 조 의

비 밀 을   안

세계의 부자들

십일조의 비밀을 안 세계의 부자들

The Holy Secret of Tithe

개정판 2쇄 발행 2017년 2월 10일 | 지은이 박은몽 | 펴낸이 박경희 | 펴낸곳 문예춘추사 | 북디자인 송원철
1994년 1월 24일 제300-1994-16 | 서울시 마포구 연남동 565-15 지남빌딩 309호 | 전화 02-338-0084(대)
팩스 02-338-0087 | 이메일 E-mail hvline@naver.com | ISBN 978-89-7604-185-2 03230

십일조의 비밀을안 세계의 부자들

글/박은몽

The Holy Secret of Tithe

문예춘추사

차례

나를 내려놓게 만드는 십일조,
　　　그 비밀스러운 축복에 대하여

　처음 교회를 다니며 십일조에 대해 들었을 때는 '교회가 무슨 돈을 밝히나?' 하는 의아스러움이 있었습니다. '주일 예배만 안 빠지면 충분할 텐데 구역 예배에다가 금요 철야기도, 그것도 모자라서 이번에는 돈까지 내라고?' 하는 부정적인 마음이 들었습니다. 그리고 십일조 이야기를 하는 목사님은 돈을 밝히는 세속적인 목회자라고 혼자서 낙인찍곤 했습니다. 돌아보면 부끄러운 일입니다. 교회 문턱을 넘고 들어가 신앙생활을 시작하는 사람이라면 누구나 그런 생각을 경험하게 될 것입니다. 나는 그런 불확실한 생각으로 십일조를 대하는 많은 성도님들과 십일조 이야기를 함께 나누기 위해 이 책을 썼습니다.

믿음이 조금씩 자랄수록 십일조는 거룩한 부담감으로 다가왔고 형편이 그다지 여유 있는 시절이 아니었지만 십일조를 시작했습니다. 그런데 해보신 분들은 다 알겠지만 십일조 생활은 시작하는 것보다 유지하는 게 더 어렵습니다. 왜 그렇게 우리네 삶은 돈 쓸 일이 많은지, 돈이 늘 부족해서, 십일조가 아깝고 부담스러웠습니다. 그래서 무슨 돈 쓸 일만 생기면 가장 먼저 깨는 게 적금이 아니라 십일조가 되곤 했습니다. 그것 역시 돌아보면 하나님 앞에 부끄럽습니다.

그러나 하나님께서는 참으로 정확하셔서, 내가 십일조를 떼먹으면 꼭 그만큼 (때로는 그 금액보다 조금 많게) 갑작스럽게 돈 쓸 일이 생기게 만들어 십일조를 찾아가곤 하셨습니다. 멀쩡하던 텔레비전이 고장나 새로 장만해야 했고 이상없이 돌아가던 컴퓨터 본체와 모니터가 갑자기 먹통이 되었습니다. 이런 저런 비용을 합하면 꼭 내가 떼먹은 십일조 금액이 되곤 했습니다. '아, 얄미운 나의 하나님. 너무도 정확한 하나님이여. 알았습니다, 알았어요. 제가 잘못했어요.' 이러면서 다시 십일조를 시작했지만 얼마 못 가 또 느슨해져서 십일조를 그만두곤 했습니다.

그렇게 십일조를 마냥 잊고 지내던 어느 날, 아주 중요한 회의가 있어 나섰는데, 지갑을 통째로 잃어버리는 일이 생겼습니다. 지갑을 잃어버리고 땡전 한 푼 없이 시내 한가운데 서 있었습니다. 주머니와 핸드백을 온통 뒤져도 그 흔한 동전 하나 나오지 않았습니다. 핸드폰조차 배터리가 나가 버려서 가족이나 친구한테 전화로 도움을 요청할 수도 없었습니다. 중요한 미팅 시간은 다가오고… 하는 수 없이 지하철역 직원에게 표를 구걸하다시피 얻어 지하철을 타고 미팅 장소로 가면서 나는 문득 하나님을 생각했습니다. 우리 삶의 아주 작은 것에서부터 생명까지 거두어 가려 한다면 얼마든지 지금 당장이라도 모든 것을 거두어 갈 수 있는 분. 그까짓 지갑이나 몇 달 밀린 십일조뿐이겠습니까? 재산 전체를, 가족을, 내 목숨을 다

거두어 갈 수 있는 분. 그러나 사랑으로 끝까지 참고 또 참아주시며 우리가 스스로 돌아올 수 있도록 깨우쳐 주시는 하나님을 생각했습니다. 그 절대자 앞에서 내 돈 몇 푼 아깝다고 적금 깨듯이 수시로 떼어먹은 나의 십일조를 생각했습니다.

다시 시작했습니다. 아무리 돈이 부족하고 급한 일이 있어도 절대로 하나님의 것을 떼먹지 않겠다고 결심했습니다. 그렇게 다시 십일조를 드린 첫 예배 시간, 참으로 알 수 없는 기쁨과 만족감이 가슴을 가득 채웠습니다. 뜨거운 회개와 함께 앞으로 하나님께서 나와 함께 해주시리라는 든든한 마음이 생겼습니다. 사랑하는 가족에게서도 경험한 적이 없는 따뜻하고 포근한 안정감이었습니다. 그런 느낌이 아마도 믿음의 선배들이 말하던 성령 충만한 심령인지 모르겠습니다.

참으로 이상한 일은 그렇게 결단하는 믿음으로 십일조를 지켜 나가자, 나의 삶이 더욱 견고하게 서기 시작했습니다. 경제적인 여건이 풀려 나가고 삶의 형편이 눈에 띄게 좋아졌습니다. 나는 아주 작은 것을 내려놓았을 뿐인데, 하나님의 것을 하나님 앞에 다시 내려놓았을 뿐인데, 하나님은 몇 배의 축복으로 응답하고 계십니다. 축복은 이제 시작일 뿐이라고 말씀하고 계십니다.

아무리 부정하려고 해도 물질에 대한 욕심은 누구나 가지고 있습니다. 그 물질을 하나님 앞에 내려놓음으로써 나는 하나님 앞에 나를 내려놓는 훈련을 하고 있습니다. 십일조는 내 삶 전체를 다 드려야 하는 은혜 받은 성도가 할 수 있는 아주 작은 내려놓음에 불과합니다.

• • •

나는 신학을 공부하거나 목회를 준비하는 사람이 아니라 작가입니다. 세상의 책을 많이 냈습니다. 그러나 하나님이 주신 글 쓰는 달란트를 가지고 세상의 이야기가 아니라 하나님에 대한 이 책을 쓰는 순간이

야말로 가장 성령 충만한 시간이었고, 진정한 나의 자아를 글에 담을 수 있는 행복한 시간이었습니다.

이 책에는 십일조 생활을 지키며 커다란 부를 일군 사람들의 이야기가 나옵니다. 그들은 모두 근검절약하고 물질을 아꼈습니다. 특히 록펠러는 음식점에서 계산서가 맞는지 가족들이 먹은 닭다리를 세어 볼 정도로 돈에 집착하는 인물이었습니다. 그런데도 하나님 앞에 십일조를 바치는 것은 아까워하지 않았습니다. 그런 록펠러에게 하나님은 재물을 얻는 재주를 더욱 크게 부어주시고, 나중에는 그 엄청나게 많은 분량의 재물을 자선사업에 귀하게 쓰도록 인도하셨습니다.

그들의 이야기에서 하나님이 멀리 있는 추상적인 존재가 아니라 내 삶의 온갖 일에 상관하고 역사하시는 분이라는 것을 생생하게 확인할 수 있을 것입니다. 또 성경 속에 나오는 십일조에 관한 기록을 읽으면서 십일조가 분명한 하나님의 계명이라는 것을 다시 한 번 깨달을 수 있을 것입니다.

나는 이 책을 쓸 때 십일조와 함께 다음과 같이 세 가지에 초점을 맞추었습니다. 첫째, 하나님께서 인물들의 삶에 어떻게 개입하고 도우셨는지 둘째, 어린 시절 부모의 신앙교육이 얼마나 큰 영향을 끼치는지 셋째, 우리네 삶에 나타나는 크고 작은 시련이 많지만 그런 시련조차 우리에게 유익이 되도록 하나님께서 인도하신다는 것을 인물들의 이야기를 통해 보여주도록 했습니다.

바쁜 가운데도 세세한 자료까지 챙겨 주시고 도움의 말씀을 주신 이병부 목사님(목회 신학박사, 새화정교회 담임목사), 먼 호주 땅에서 사역하는 중에도 도움말 주신 이주환 강도사님께 이 자리를 빌어 감사드립니다. 또 관심 가져 주신 오성민 전도사님께도 감사의 말씀을 전합니다.

물질만능주의와 인간적인 자의식이 극도로 팽창한 현대사회에서 신앙을 지키며 산다는 게 쉽지만은 않습니다. 때로는 부족하고 허물 많은 스스로의 모습에 힘이 빠질 때도 있습니다. 그러나 나는 이 책을 통해 나의 물질, 나의 삶, 나의 목숨… 모든 것을 주관하시는 하나님 앞에 내 인생의 주인이 내가 아니라 하나님임을 독자 분들과 함께 고백하고 싶습니다. 그리고 그 고백의 가장 기본적인 표현이 십일조임을 함께 기억하고 싶습니다.

우리가 하나님께 드리는 것은 아주 작은 물고기 두 마리와 보리떡 다섯 개뿐이지만 능력의 하나님께서 그러한 보잘 것 없는 우리의 십일조를 30배, 60배, 100배로 키워 주실 것입니다. 또, 그리 하지 않으실지라도 하나님을 사랑하겠습니다. 여러분과 내가 하나님께 순종함으로써 하나님과 상관없는 자가 되지 말고 상관있는 자로 이 세상을 살아갈 수 있기를 기도합니다.

박은몽

벤저민 프랭클린

꿈을 이루고
싶 다 면
예 수 를
닮 아 가 라

— Benjamin Franklin

벤저민 프랭클린

Benjamin Franklin, 1706 ~ 1790

미국의 초대 정치인으로서 미국 건국의 아버지 중 한 명. 18세기 초, 영국의 식민지였던 미국 보스턴의 가난한 가정에서 태어났다. 영국의 종교적 탄압을 피해 미국으로 이주한 조상의 후손으로 청교도적인 정신을 이어받은 신앙인이었다.

학교 교육을 제대로 받지 못했지만 미국 건국을 이끈 위대한 정치가로서 많은 업적을 남겼다. 미국의 독립전쟁을 전후하여 프랑스의 지원을 얻어낸 훌륭한 외교관이었고, 미국 헌법의 기초를 마련하였다. 또한 피뢰침, 다초점 렌즈 등을 발명한 과학자, 많은 저술 활동을 펼친 작가, 출판업이나 보험업 등으로 성공한 사업가이기도 했다.

그는 부와 명예를 얻었지만 그러한 것보다는 가치 있는 삶을 가장 중요하게 여겼다. 그래서 도덕적인 원칙을 세워 평생 지켜나가는 데 더욱 열정을 쏟은 도덕가였다.

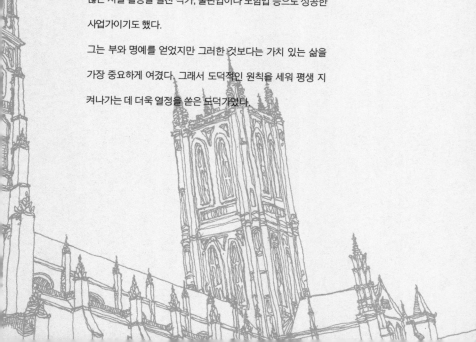

"나는 하나님이 살아 계시다는 것을 한 번도 의심해 본 적이 없습니다. 나는 평생에 걸쳐 필라델피아에 단 하나 있는 장로교회와 그 교회의 목사님, 그리고 집회와 예배를 후원하기 위해 규칙적으로 헌금하는 것을 잊지 않았습니다."

― 벤저민 프랭클린

필라델피아에 나타난
가난한 젊은이

　　　　　1723년 10월 6일 한 젊은이가 필라델피아에 나타났습니다. 그는 초라하고 지저분하고 초췌하기 그지없는 행색을 하고 있었습니다. 그리고 몹시 지쳐보였습니다. 상점이 있는 거리를 힘겹게 걸어가는데 빵을 들고 있는 한 꼬마가 지나갔습니다. 배가 너무나 고픈 젊은이는 꼬마를 향해 다급하게 물었습니다.

　"얘야, 빵집이 어디 있니?"

　젊은이는 꼬마가 가리키는 곳을 향해 급하게 걸어갔습니다. 마음은 급했지만 막상 그가 가지고 있는 돈은 단지 3센트에 불과했습니다. 그러나 뭐라도 먹지 않으면 금방 쓰러질 것만 같아서 젊은이는 빵집에 들어가 주인에게 공손하게 물었습니다.

　"3센트로 살 수 있는 빵이 있습니까?"

　빵집 주인은 젊은이를 물끄러미 쳐다보더니 이내

커다랗고 부드러운 빵 세 덩어리를 건네주었었습니다. 빵집 주인이 초라한 젊은이에게 친절을 베풀어 준 것입니다.

"이걸 다 주시는 겁니까? 정말 감사합니다."

뜻밖의 친절에 젊은이는 깜짝 놀라면서도 얼른 받아들며 감사의 인사를 했습니다. 너무나 커다란 빵이어서 주머니에 다 들어가지도 않았습니다. 젊은이는 양 겨드랑이에 빵을 하나씩 끼고 나머지 한 개는 손으로 뜯어먹으며 가게를 나왔습니다. 목이 말랐지만 빵이라도 먹을 수 있어서 천국에 온 듯 기뻤습니다. 그리고 꾸역꾸역 빵을 씹어 삼키며 필라델피아에서 어떻게든 혼자서 살아가야 한다고 마음을 굳게 먹었습니다.

그는 고향 보스턴을 떠나 갖은 고생 끝에 필라델피아에 왔습니다. 먼저 뉴욕에 가서 일자리를 구하려 했지만 실패하고 뉴저지로 떠났습니다. 그는 뉴저지로 가는 배에서 풍랑을 만나 죽을 고비를 넘기기도 하고 열병으로 고열에 시달렸습니다. 그리고 뉴저지에서

19

꼬박 나흘을 걸어 필라델피아에 도착했던 것입니다.

그 젊은이가 바로 오늘날까지도 미국 사람들이 가장 존경하는 인물인 '벤저민 프랭클린'이었습니다. 그는 미국이 영국으로부터 독립하기 위해 전쟁을 벌일 때 미국 측에 서서 많은 영향력을 발휘하여 미국 건국의 아버지라 불리며 미국 정신의 토대를 만든 인물입니다. 뿐만 아니라 사업가로서 재산을 많이 모으기도 하고 과학자 발명가 외교관 등으로서 다양한 분야에서 뛰어난 업적을 남겼습니다. 우리들이 잘 알고 있는 피뢰침, 다초점 렌즈 등도 프랭클린이 발명한 것이랍니다.

비록 춥고 배고프고 가진 게 없는 열일곱 살의 청년이었지만, 자신만의 인생을 찾겠다고 필라델피아로 건너온 용기에서 그의 성공은 시작되었습니다. 마치 그의 조상들이 신앙을 지키기 위해 고향 영국을 떠나 큰 바다를 건너 낯선 미국 땅으로 건너온 것처럼 말입니다.

성공하고 싶다면
끝없이 독서하고 신앙을 가져라

　　벤저민 프랭클린의 아버지와 큰아
버지 가족들은 프랭클린이 태어나기 이십여 년 전인
1682년 영국에서 미국으로 건너온 사람들이었습니
다. 카톨릭 국가였던 영국은 청교도(현재의 기독교)
신앙을 탄압했기 때문에 청교도를 믿는 프랭클린의
조상들은 신앙의 자유를 찾아 고향을 떠나야 했습니
다. 프랭클린의 몸속에는 목숨을 걸고 신앙을 지키려
던 조상들의 열정과 용기가 흐르고 있었습니다.

　"영국에 있을 때 너의 할아버지와 증조 할아버지
는 말이야, 노끈을 가지고 성경을 의자의 밑바닥에
거꾸로 매달아 숨겨 놓아야 했지. 성경을 읽을 때면
어린아이들에게 망을 보게도 했어."

　"왜 성경을 몰래 읽어요?"

　"영국에서는 평민이 성경을 소유하는 것을 법으로
금지했기 때문이지. 그러나 청교도 신앙을 가진 우리

21

는 누구나 하나님의 말씀을 평등하게 읽을 수 있어야 한다고 생각했어. 그래서 너의 할아버지는 의자를 거꾸로 놓아 노끈 아래의 성경 책장을 넘기며 가족들에게 읽어주곤 했던 거야. 말씀은 우리가 살아갈 수 있는 생명이었어."

프랭클린의 아버지는 이렇게 선조들의 신앙을 어린 아들에게 들려주곤 했습니다. 아버지는 열일곱 자녀 중 열한 번째로 태어난 프랭클린이 목사가 되기를 소원했지만 이룰 수는 없었습니다. 프랭클린은 가정 형편이 어려워 겨우 2년을 공부하고 학교를 그만둬야 했으니까요.

그러나 프랭클린은 책을 좋아했고 열심히 책을 읽으면 학교에서 다하지 못한 공부를 보충하고 누구보다 폭넓은 지식과 지혜를 가질 수 있다고 믿었습니다. 가난한 그의 집에서는 양초조차도 풍족하지 못했기에 그는 이웃집에서 다 쓰고 버린 양초의 동강이를 주워 모아 불을 붙여 책을 읽었습니다. 양초 동강이들은 금방 다 타버리기 때문에 어린 프랭클린은 쉴 새 없이 다시 불을 이어 붙여가며 밤새 책을 읽곤 했습니다.

"얘야, 한창 자랄 때는 잠을 푹 자야 한단다."

어머니는 이렇게 염려하면서도 이웃집에서 버린 양초 동강이들을 모아 프랭클린에게 갖다 주곤 했습니다. 프랭클린은 책을 사는 것을 좋아하여 형의 인쇄소에서 일하면서 식사 값을 아껴 가면서 책값을 모으기도 했습니다. 비싼 고기는 전혀 먹지 않고 채소만 먹고 버틴 것이지요.

이렇게 끊임없이 노력하는 자세는 그가 고향을 떠나 필라델피아에 건너가 홀로서기 인생을 시작한 이후 빛을 발하기 시작했죠. 형의 인쇄소에서 배운 기술을 가지고 인쇄업, 보험업 등의 사업을 해서 크게 성공하였고 부자가 되었습니다.

그러나 청교도적 신앙을 보고 자란 그는 평생 써도 모자랄 만큼 모은 돈보다 더 보람 있는 일들이 있다고 믿었습니다. 그가 어머니에게 보낸 편지에는 이렇게 쓰여 있었습니다.

23

Benjamin
Franklin

"저는 사람들로부터 돈을 많이 벌었다는 말보다 가치 있는 삶을 살았다는 말을 듣고 싶습니다."

그는 잘 되고 있는 사업을 접고 과학 분야를 연구하기로 했습니다. 사람들은 바보 같은 짓이라고 했지만 그는 인류에게 큰 도움을 주는 피뢰침, 다초점 렌즈 등도 발명해 냈습니다. 프랭클린은 이렇게 평생 동안 끊임없이 공부하고 연구하였습니다. 벤저민 프랭클린은 젊을 때부터 다음과 같은 13개의 규칙을 스스로 정해놓고 지켜나가려고 노력했습니다.

1. 절제 배부르도록 먹지 마라. 취하도록 마시지 마라.

2. 침묵 나에게나 남에게나 유익하지 않은 말은 하지 마라. 쓸데없는 말은 피하라.

3. 질서 모든 물건을 제자리에 정돈하라. 모든 일은 시간을 정해놓고 하라.

4. 결단 해야 할 일은 하기로 결심하라. 결심한 것은 꼭 이행하라.

5. 절약 자신과 다른 사람들에게 유익한 일 외에는 돈을 쓰지 마라. 낭비하지 마라.

6. 근면 시간을 허비하지 마라. 언제나 유용한 일을 하라.

7. 진실 남을 일부러 속이려 하지 마라. 순수하고 정당하게 생각하라.

   말과 행동을 다르게 하지 마라.

8. 정의 남에게 피해를 주거나 당연히 돌아갈 이익을 가로채지

   마라.

9. 중용 극단을 피하라. 상대방이 나쁘다고 생각되더라도 홧김

   에 상처를 주는 일을 삼가라.

10. 청결 몸과 의복, 습관상의 모든 것을 깨끗하게 유지하라.

11. 침착 사소한 일, 일상적인 일이나 불가피한 일에 흔들리지

    마라.

12. 순결 건강에 해가 될 정도로 술을 마시거나 도박을 하지 마라.

13. 겸손 예수님과 소크라테스를 본받아라.

이러한 덕목은 모두 청교도적 신앙에 바탕을 두고 있습니다. 그는 자신이 지키지 못한 부분을 수첩에 기록하면서 보완해 나갔습니다. 오늘날 전 세계에서 성공한 사람들이 즐겨 사용하는 '프랭클린 다이어리'는 바로 벤저민 프랭클린의 수첩에서 비롯된 것입

니다.

특히 그는 사회적인 높은 지위와 재산을 가지고 있었음에도 검소한 생활을 강조했습니다. 프랭클린 이 부유한 친구의 집을 방문한 적이 있었는데, 집 안을 둘러보고는 친구에게 이렇게 물었습니다.

"큰 방이 왜 이렇게 많은가?"

친구는 자신의 재산을 자랑하듯 그럴만한 돈이 있 기 때문이라고 대답했습니다. 친구의 말에 프랭클린 은 미소를 지으며 말했습니다.

"자네 머리보다 여섯 배가 커서 쓰지도 못할 모자 는 왜 안 사는가? 자네에게는 그만한 돈이 있을 텐데 말이야!"

또한 청교도인이었던 그는 예수님을 본받으라는 덕목을 중시했는데 겸손한 자세는 그의 사회생활 속 의 처세로도 이어져 정치, 외교에서든 사업에서든 많은 신뢰를 얻을 수 있었습니다.

미국의 독립 전쟁에 뛰어든 이후 프랭클린은 영국에 있는 많은 친구들과 인연을 끊었습니다. 영국은 이제 고향의 나라가 아니라 싸워야 하는 적국이 되었습니다. 한 영국인 친구에게 보낸 편지에는 이렇게 썼습니다.

"귀하는 나의 조국 미국을 파멸로 몰아간 사람들 중의 한 명입니다. 우리는 오랫동안 벗이었습니다. 그러나 이제 당신은 나의 적이며, 나는 당신의 적입니다."

심지어 프랭클린은 영국에 있는 아들과도 등을 돌려야 했습니다. 영국에 터전을 가지고 있던 아들 윌리엄은 미국과 영국의 전쟁에서 영국의 편에 섰기 때문입니다. 미국을 식민지로 좌지우지하고자 하는 영국과 자신들만의 나라를 만들고자 하는 미국과의 전쟁이 시작되었습니다. 프랭클린은 적극적으로 전쟁에 가담하였고, 프랑스로 건너가 그의 모든 외교술과 인맥을 총 동원하여 프랑스로부터 지원을 약속받아 미국과 동맹을 맺게 했습니다. 프랑스의 지원은 미국에게 결정적인 큰 힘이 되었습니다.

미국과 프랑스의 연합군에 포위된 영국군은 1781년 10월 16일 드디어 요크타운에서 백기를 들었습니다. 프랭클린은 전쟁이 끝난 후에도 프랑스에 머물면서 외교관으로 활동하였고 1783년 미국을 대표하여 영국과 평화적인 파리조약을 맺었습니다. 영국은 이 조약에서 미국의 독립을 공식적으로 인정하였습니다.

그때 프랭클린은 이미 여든이 다 된 나이였고 너무 많은 일을 했기에 건강이 악화되었습니다. 그가 미국으로 돌아가려 하자 사람들은 건강이 안 좋아 먼 항해를 하면 위험하다며 말렸습니다. 그러나 그는 "조국에서 숨을 거두고 싶다."며 프랑스를 떠나 인생의 마지막 항해 길에 올라 필라델피아로 돌아왔습니다.

"벤저민 프랭클린이 돌아왔다."

"벤저민 프랭클린, 환영합니다."

1785년 필라델피아에 벤저민 프랭클린이 도착하자 기다리던 시민들이 그를 가마에 태우고 행진했습니다. 가마가 지나는 길목마다 사람들의 환호성이 터져 나왔고 모든 교회에서 존경의 표시로 일제히 종을 울렸습니다. 60여 년 전 배고프고 초라한 젊은이로 필라델피아에 처음 발을 디뎠던 프랭클린은 이제 모든 사람의 존경을 받는 영웅이 되어 돌아온 것입니다.

그는 필라델피아에 돌아와서도 쉬지 않고 필라델피아 대표로서 헌법을 만들고 새로운 정부를 세우는 등 미국이라는 신생 독립국의 기틀을 다지는 데 기여했습니다.

그는 65세가 되던 1771년부터 자서전을 쓰기 시작했는데 그의 자서전은 유명한 사람들의 자서전 중에서도 특히 훌륭한 작품이라고 오늘날까지 명성이 자자합니다. 자서전에서 그는 특히 자신의 신앙에 대해서 이렇게 적고 있습니다.

"나는 평생토록 하나님이 살아 계시다는 것, 하나

님께서 이 세상을 창조하시고 그분의 섭리에 따라서 다스리고 계시다는 것, 사람이 죽은 후에도 영혼은 사라지지 않는다는 것, 모든 죄와 악한 행동은 언젠가 반드시 심판을 받게 된다는 것…이러한 것들을 결코 의심해 본 적이 없다. …나는 장로교회의 일원으로서 경건한 가르침을 받고 자랐으며 어른이 되어서는 몸담고 있는 교회와 담임목사님, 그리고 집회와 예배를 후원하기 위해 해마다 규칙적으로 헌금하는 것을 잊지 않았다."

벤저민 프랭클린은 이렇게 평생 동안 청교도적 신앙으로 근면하고 절제하며 자신의 인생을 개척해 나간 사람이었습니다. 때론 실수할 때도 있고 인간으로서의 한계도 있었지만 언제나 하나님 앞에 겸손하고 순종하기 위해 노력하는 삶이었습니다.

성경이 말하는 '십일조'란?

"여호와를 기억하라. 그가 네게 재물 얻을 능력을 주셨음이라. 이같이 하심은 네 조상들에게 맹세하신 언약을 오늘과 같이 이루려 하심이니라."

(신명기 8 : 18)

십일조는 하나님이 주신 계명이자 약속입니다

십일조(十一租, tithe)는 하나님을 믿는 사람들이 수입이나 재산의 십분의 일을 바치는 것을 말합니다. 유대인들은 아주 오랜 옛날부터 십일조 생활을 지켰으며 오늘날에도 이스라엘의 유대교 사람들은 십일조 생활을 지키고 있습니다. 그들은 비록 예수님을 메시아로 믿지 않지만 여호와를 믿으며 여호와의 계명을 지키고 있는 것입니다.

십일조는 사람이 만들어낸 제도가 아니라 아브라함 때부터 시작하여 야곱이 이어받았으며 모세에 이르러 율법으로 정착된 것으로, 하나님이 그 백성들에게 직접 주신 계명이라고 성경은 말해주고 있습니다. 성경은 구약과 신약에 걸쳐 수십 번 십일조를 언급하고 있습니다.

또 십일조는 백성들에게 축복을 주기 위한 하나님의 아름다운 약속입니다. 성경에는 십일조에 대한 기록들과 함께 그에 따른 축복을 말해주고 있습니다. 십일조의 진정한 목적은 하나님을 위한 것이 아니라 우리를 위한 것입니다. 하나님께서 우리의 믿음을 보시고 축복을 부어주시기 위함입니다.

하나님은 십일조를 바치라고 하셨지만 하나님은 물질이 필요한 분이 아닙니다. 하나님은 십일조를 통해 물질을 받기 원하시는 게 아닙니다. 하나님이 아브라함에게 그의 아들 이삭을 제물로 바치라 하셨을 때 하나님은 진짜 이삭을 받기 원하신 게 아니었습니다.

아브라함의 믿음을 보기 원하셨던 것입니다. 십일조 역시 마찬가지입니다. 하나님은 십일조를 통해 물질이 아니라 우리의 마음을 받기 원하십니다.

따라서 십일조는 단순히 물질을 바치는 행위, 그 이상의 것입니다. 혹 어떤 사람들은 마치 십일조를 교회에 내는 세금 납부쯤으로 여기는 경우가 있는데 그것은 하나님의 뜻을 깊이 헤아리지 못한 큰 오해라고 할 것입니다.

· · ·

십일조는 행함이 있는 믿음의 표현입니다

평소 존경하는 한 목회자의 설교 말씀 중에서 다음과 같이 십일조의 정의를 인용하여 정리할 수 있습니다.

"십일조란 하나님의 백성이 여러 생업을 통해 얻은 소득의 십분의 일을 구분하여 하나님께 드림으로써, 그 모든 소득을 얻게 하신 이가 하나님이시며 그것을 올바로 관리하고 사용하도록 이끄시는 주인이 바로

하나님이시라는 사실을 인정하고 고백하는 신앙의 표현입니다."(이병부 목사님의 설교 중에서)

주일을 지키는 것이 하나님이 내게 주신 일주일 중의 하루를 구별하여 하나님께 바치는 행위인 것과 마찬가지로, 십일조를 바치는 것은 내게 주신 물질 중 십분의 일을 구별하여 하나님께 바치는 것입니다. 시간을 주신 분도, 물질을 주신 분도 모두 하나님이기에 그 모든 것의 주인이 하나님이심을 고백하는 마음으로 주일과 십일조를 지켜나가는 것입니다. 시간과 물질뿐이겠습니까? 모든 것이 본래 하나님의 것이고 그 분으로부터 왔지만 우리는 시간과 물질의 일부를 떼어 아주 작은 것으로 우리의 믿음을 표현하고 고백하는 것뿐입니다.

모든 것이 여호와의 것입니다. 금도 은도 주의 것이라고 하나님은 말씀하셨습니다. 십의 일도 하나님의 것이고, 나머지 십의 구도 하나님의 것입니다. 십일조를 드리는 것은 십 분의 구를 누리게 해주신 여호와에게 감사를 표현하는 행위입니다.

사도들의 제자였던 초대 교부 이레니우스는 이렇게 말했습니다.

"유대인도 십일조를 바쳤는데, 하물며 소유의 일체를 주를 위해 바쳐야 할 은혜 받은 성도가 십일조를 기쁨으로 바치지 않는다면 이것은 확실히 모순이다."

예수님을 믿지 않는 유대인들도 십일조를 지키는데 예수님의 은혜를 입은 성도가 십일조를 아까워한다면 참으로 행함이 없는 믿음이라 하겠습니다. 혹여 성도의 십일조를 정직하지 못하게 사용하는 성직자가 있다면 하나님께서 직접 죄를 판단하실 일이며, 성도가 십일조를 게을리 하는 것 또한 하나님께서 직접 죄를 판단하실 것입니다.

하나님의 것을
먼저 오른쪽
주 머 니 에
채   워   라

—William Colgate

윌리엄 콜게이트

William Colgate. 1783 ~ 1857

세계적으로 유명한 콜게이트 치약 등을 만드는
구강 전문 회사 콜게이트사의 창립자. 영국의 가난한 가정에
서 태어나 미국으로 건너가 콜게이트사를 세웠다. 사업하는
동안 철저한 십일조 생활을 한 것으로 알려져 있으며 사업과
함께 자선사업에 헌신하였다.

그가 사망한 후 아들 사무엘 콜게이트가 회사를 이어받았으며
아들 또한 자선사업에 헌신하였다. 미국 뉴욕에 있는 명문 사
립인 콜게이트대학은 콜게이트 가문의 수십 년에 걸친 헌신적
인 지원을 기념하여 학교 이름을 '콜게이트대학'으로 바꾼 것
으로도 유명하다.

"저의 성공 비결은 십일조 생활에 있습니다. 저는 수입 중 십분의 일을 항상 구별하여 오른쪽 주머니에 넣어 두었고 나머지 십분의 구를 가지고 사업에 투자했습니다. 그래도 사업은 더욱 번창했습니다. 한때 하루 수입이 네 사람이 겨우 옮길 만한 무게의 큰 금덩어리만 했을 때도 십일조 바치기를 주저하지 않았습니다. 십일조가 제 복의 근원이었으니까요."

— 윌리엄 콜게이트

빈손으로
뉴욕행 배에
오르다

"표도 없으면서 겁도 없이 우리 배에 올라타다니. 나이도 어린 놈이 맹랑하구나!"

뉴욕으로 가는 배 안에서 배표를 검사하던 선원이 콜게이트를 발견하고는 눈을 부라렸습니다. 콜게이트에게는 표가 없었기 때문입니다.

"제발 용서해 주세요. 뭐든 시키는 대로 하겠습니다. 일을 해서 갚을게요. 저는 꼭 뉴욕에 가야 합니다. 저는 돈을 벌어야 한다고요. 한 번만 용서해 주시면 그 은혜를 평생 잊지 않겠습니다."

열여섯 살 소년 콜게이트는 초라한 차림새를 하고 있었지만 너무나 간절하게 외쳤습니다. 그때였습니다. 옆에서 지켜보고 있던 선장이 나섰습니다.

"이름이 뭐니?"

"콜게이트요, 윌리엄 콜게이트라고 합니다."

"왜 표도 없이 배를 탔지? 그게 잘못이라는 걸 모르니?"

"……"

콜게이트는 차마 말을 잇지 못한 채 터져 나오려는 울음을 삼켰습니다. 바다 한가운데서 낯선 사람들에게 둘러싸인 그는 두렵고 떨렸습니다. 그러나 두려움보다는 고향에 두고 온 어머니의 모습이 그 순간 더욱 선명하게 떠올라 가슴이 아팠습니다. 폐결핵을 앓고 있는 어머니는 종종 피를 토하면서도 집안일을 돌보아야 했고 아버지는 중풍으로 쓰러져 누워만 있어야 하는 환자였습니다. 집안은 늘 칙칙한 무덤처럼 우울하고 어두웠습니다. 계속되는 불행과 가난의 늪에 빠져 콜게이트는 아무런 희망도 없이 하루하루 힘들고 비참한 생활을 해왔습니다. 그러던 어느 날 어머니가 그에게 말했습니다.

"더 이상 우리가 너에게 해줄 것이 없다. 너는 지혜롭고 용기가 있으니 차라리 먼 도시로 떠나서 네 살 길을 스스로 찾아보아라. 콜게이트, 어디에서 무

41

William
Colgate

엇을 하든지 하나님께 십일조를 하는 것을 잊지 마라. 언제나 하나님을 의지하고 열심히 살아간다면 부자가 될 수 있을 거야."

아직은 어린 소년에 불과했기에 두렵고 슬픈 마음이 앞섰습니다. 앞으로 어떻게 혼자서 살아간단 말인가. 그렇다고 이렇게 주저앉아서 울고만 있을 수는 없었습니다. 무언가 자신만의 꿈을 찾아 용기를 내야 했습니다. 콜게이트는 새로운 세상을 향해 나가야 한다고 생각했습니다. 또 돈을 많이 벌어서 부모님의 병도 치료해야겠다고 마음먹었습니다. 그래서 무작정 뉴욕으로 가는 배에 올라탔던 것입니다.

소년이 말이 없자 선장이 다시 물었습니다.

"왜 표를 사지 않고 배를 탔냐고 묻고 있지 않니? 뉴욕에는 도대체 왜 가려고 하는 거냐?"

"저는 꼭 뉴욕에 가야 합니다. 우리 아버지는 너무 가난해서 더 이상 나를 키울 수가 없습니다. 제가 아는 기술이라고는 비누와 양초 만드는 것밖에 없어요. 그게 제가 가진 모든 것이에요. 하지만 이 기술을 가지고 뉴욕에 가서 돈을 벌 거예요. 그래서 저의 삶을 찾고 부모님도 돕고 싶어요!"

선장은 측은한 마음으로 소년을 바라보았습니다. 소년의 눈은 간절한 소망으로 가득 차 있었습니다. 선장은 갑자기 소년을 품에 끌어당기며 무릎을 꿇고 기도하기 시작했습니다 .

"사랑이 많으신 주님, 여기 누구의 도움도 받지 못한 채 자기 인생을 혼자서 개척해 가려는 용기를 지닌 어린 영혼이 있습니다. 주님께서 이 영혼과 함께해 주지 않으시면 누가 돕겠습니까. 윌리엄 콜게이트를 기억하시어 뉴욕에서 살아갈 때에 늘 동행해 주시고 좋은 기회를 허락하시어 그의 길을 열어 주소서."

"선장님……."

콜게이트는, 처음 보는 자신을 위해, 그것도 표도 사지 않고 도둑놈처럼 배에 숨어 탄 자신을 위해 기도를 해주는 선장에게 말할 수 없는 감동을 느꼈습니다. 기도를 마친 선장은 일어서더니 콜게이트의 어깨

43

William
Colgate

에 두 손을 얹으며 충고를 했습니다.

"너는 틀림없이 뉴욕에서 비누를 만들어 성공할 수 있을 거다. 그 누구도 너만큼 비누를 잘 만들지는 못할 거야. 잘 들어라. 정직한 마음으로 비누를 만들어야 한다. 정직하게 만들어야 너의 비누가 복이 될 수 있다. 그리고 온 마음을 다해 하나님을 섬기고 반드시 네 소득의 십분의 일을 하나님께 바쳐라. 만약에 네가 내 말을 기억하고 실천할 수 있다면 너는 틀림없이 축복을 받고 원하는 대로 부자가 될 수 있을 거다. 알겠니?"

선장은 떨고 있는 콜게이트의 손을 꼭 잡아주었습니다. 콜게이트 역시 선장의 눈을 바라보며 그가 해준 말을 가슴 깊이 새겼습니다. 콜게이트는 선장이 마치 하나님이 자기를 돕기 위해 보내준 천사처럼 느껴졌습니다. 저 멀리 바다가 넘실대고 있었습니다. 푸른 파도 넘어 콜게이트의 꿈도 넘실댔습니다. 선장은 소년과 함께 바다를 바라보며 다시 마음속으로 기도했습니다.

'주님, 이 가난한 소년의 꿈 가운데 함께 하소서. 그리고 훗날 그 꿈을 이루었을 때 그 모든 영광을 우리 주 하나님께 돌리게 하소서.'

그 소년이 오늘날까지 세계적으로 유명한 구강전문회사 '콜게이트' 를 만든 윌리엄 콜게이트입니다. 그는 비록 처음에는 표도 없이 배에 올라 탄 가난한 소년에 불과했지만 자신에게 주어진 환경을 이겨내면서 큰 회사를 운영하는 부자가 될 수 있었던 것입니다.

오른쪽 주머니는
십일조 주머니

선장의 도움으로 뉴욕에 도착한 콜게이트는 비누와 양초를 만드는 회사에서 일하게 되었습니다. 그는 비누와 양초 만드는 기술이 뛰어났을

William
Colgate

뿐만 아니라 누구보다 정직하고 정확했기 때문에 사장의 신뢰를 얻었습니다. 그러나 뉴욕에서의 생활은 외롭고 힘들었습니다. 도와주는 사람 하나 없이 낯선 환경에서 오직 자기 자신의 힘으로 모든 것을 해나가야 했으니까요. 열여섯의 소년에게는 버거운 일이었습니다.

그러나 힘든 가운데서도 콜게이트는 선장이 해준 충고를 잊지 않았습니다. 그는 일요일이면 어김없이 교회에 나가서 예배를 드렸습니다. 그리고 뉴욕에서 처음 벌어들인 수입의 십분의 일을 정확히 떼어서 십일조 헌금으로 교회에 냈습니다. 고향을 떠나 태평양을 건너온 가난하고 외로운 콜게이트에게 십일조는 하나님의 축복을 약속받을 수 있는 유일한 희망과도 같았습니다.

우리가 잘 알고 있는 야곱도 고향을 떠날때 두렵고 누군가의 도움이 절실하게 필요했습니다. 그때 하나님께서 홀연히 나타나 야곱에게 이렇게 약속하셨습니다.

'내가 너와 함께 있어 네가 어디로 가든지 너를 지키 며 너를 이끌어 이 땅으로 돌아오게 하리라.
내가 네게 허락한 것을 다 이루기까지 너를 떠나지 아니하리라' (창세기 28:15)

 야곱은 하나님밖에는 의지할 데가 없었습니다. 콜 게이트 역시 먼 이국땅에서 의지할 것은 하나님밖에 없었습니다. 야곱은 자신을 지켜주겠다고 약속하는 하나님께 감사하며 하나님께 십일조를 하겠다고 맹 세했습니다. 콜게이트 역시 자신과 함께 해주시는 하 나님을 믿고 감사하며 적은 수입에서도 십분의 일을 떼서 바쳤습니다. 십일조는 힘들 때나 편안할 때나 궁핍할 때나 풍족할 때나 그의 믿음을 지켜나가는 신 념이 되었습니다.
 사장의 신뢰를 얻게 된 콜게이트는 나중에는 사장 과 동업 관계를 맺어 더욱 열심히 일했습니다. 그리 고 몇 년 후 동업을 하던 사장이 갑작스럽게 사망하 자 콜게이트가 비누 제조 회사의 경영을 직접 맡게

47

William
Colgate

되었습니다. 그리고 1806년 자신의 이름을 따서 '콜게이트사'를 차리고 비누와 양초를 만들어 팔았습니다.

그는 항상 수입의 십분의 일을 구별해 오른쪽 주머니에 넣어두고 나머지 돈으로 생활하면서 정확한 십일조를 지켜나갔습니다. 또 '하나님과의 계산'이라는 장부를 만들어 수익금의 십분의 일을 빠짐없이 기록했습니다. 십분의 구만 가지고 생활하고 사업을 하는데도 회사의 수익은 날로 늘어갔고, 회사는 점점 커져서 치약과 화장품까지 생산하게 되었습니다. 수입이 늘어나자 그는 십분의 일에 만족하지 않고 십분의 오를 하나님께 드렸고, 또 어떤 경우에는 수익금 전부를 하나님 사업에 바치는 경우도 있었습니다.

"오른쪽 주머니에는 십일조, 왼쪽 주머니에는 이익금을 담는다!"

이 말은 콜게이트사를 상징하는 말이 되어 갔습니다. 콜게이트사에는 십일조를 계산하는 직원만 30명에 달할 때도 있었습니다. 훗날 그의 성공의 비결을 묻는 사람들에게 그는 이렇게 말했습니다.

"제 성공의 비결은 십일조 생활입니다. 저는 수입의 십분의 일은 항상 구별하여 오른쪽 주머니에 넣어두었고 나머지 십분의 구만을 가지고 사업에 투자했습니다. 한때 하루 수입이 네 사람이 겨우 옮길 만한 무게의 큰 금덩어리만 했을 때에도 십일조 바치기를 주저하거나 아까워하지 않았습니다."

1806년 가난한 콜게이트가 세운 작은 회사는 오늘날 연간 수백억 달러의 매출을 자랑하고 세계 8억 명이 넘는 인구가 매일 이 회사의 제품을 사용하는 세계적인 기업으로 성장해 있습니다. 콜게이트사는 1908년에 최초로 튜브에 담은 치약을 만들어 판매해서 선풍적인 인기를 모았고, 1953년 콜게이트 파몰리브로 회사명을 바꾼 후 미국 최대의 세제 비누회사로 1위의 자리를 차지했습니다. 특히 윌리엄 콜게이트의 이름을 딴 콜게이트 치약은 수십 년간 세계 시장을 독점하다시피 할 정도로 사랑받는 단일 브랜드로서 유명합니다.

William
Colgate

야곱의 하나님은 가난한 소년 윌리엄 콜게이트의 하나님이기도 하셨기에 콜게이트가 애쓰고 수고하는 꿈의 여정 가운데에 늘 함께 하셨던 것입니다.

아브라함, 인류 최초로 십일조를 바치다
- 그 얻은 것에서 십분의 일을 멜기세덱에게
주었더라

"아브람이 그돌라오멜과 그와 함께 한 왕들을 쳐부수고
돌아올 때에··· 살렘 왕 멜기세덱이 떡과 포도주를 가지
고 나왔으니 그는 지극히 높으신 하나님의 제사장이었
더라. 그가 아브람에게 축복하여 이르되 천지의 주재이
시요 지극히 높으신 하나님이여, 아브람에게 복을 주옵
소서. 너희 대적을 네 손에 붙이신 지극히 높으신 하나님
을 찬송할지로다 하매 아브람이 그 얻은 것에서 십분의
일을 멜기세덱에게 주었더라."

(창세기 14 : 17 ~ 20)

전쟁에 이긴 것을 감사하며 바친 십일조

십일조는 신학자들이 만들어 낸 제도가 아닙니다. 성경 창세기에서부터 믿음의 사람 아브라함이 십일조를 드린 이야기를 확인할 수 있습니다.

아브라함의 조카 롯이 살고 있는 소돔과 엘람왕 그돌라오멜을 중심으로 한 연합군 사이에 전쟁이 일어났습니다. 군사력이 막강한 그돌라오멜 측이 승리하여 소돔에 살고 있던 아브라함의 조카 롯도 재물을 다 빼앗기고 인질로 잡혀가게 되었습니다. 그 소식을 전해들은 아브라함은 자신의 군사 300여 명을 데리고 적진을 습격하였고, 놀라운 승리를 거둬 재물과 포로들을 모두 구해냈습니다. 전쟁에 이기고 돌아올 때 소돔과 고모라 왕은 물론이고 살렘 왕이자 제사장인 멜기세덱이 나와 아브라함을 축복하며 이렇게 말합니다.

"너희 대적을 네 손에 붙이신 지극히 높으신 하나님

을 찬송할지로다!"

전쟁에 이긴 것은 아브라함의 능력이 아니라 하나님의 축복입니다. 멜기세덱 제사장은 전쟁의 승리가 아브라함의 승리가 아니라 하나님의 축복이라는 것을 선언해 주신 것입니다.

멜기세덱은 제사장으로서 성경은 그를 하나님의 아들과 닮았다고 말하고 있습니다. 즉 멜기세덱은 나중에 오실 예수님을 상징하는 것으로서, 멜기세덱이 떡과 포도주를 가지고 나와 아브라함을 축복하는 모습에서 우리는 예수님이 최후의 만찬에서 떡과 포도주를 나눠 주던 모습을 미리 엿볼 수도 있습니다.

멜기세덱의 말을 들은 아브라함은 전쟁에 승리하게 해주신 하나님께 감사하며 전쟁에서 얻은 그 모든 것이 자신의 것이 아니라 하나님으로부터 왔음을 깨닫고 십분의 일을 제사장 멜기세덱에게 바쳤습니다. 이것이 성경에서 처음으로 나오는 십일조 이야기로써 인류 역사 최초의 십일조가 됩니다. 믿음의 사람 아브라함이 드린 최초의 십일조는 이후 아름다운 신앙 고백으로 오늘날까지 이어지고 있는 것입니다.

아브라함이 받은 축복

아브라함은 누가 시키지 않았어도 자신이 먼저 하나님의 축복을 깨닫고 감사하는 마음으로 십일조를 바쳤습니다. 모든 것의 주인이 하나님이심을 믿고 십일조라는 행동으로 감사의 마음을 증명한 것입니다. 하나님이 그런 아브라함의 믿음에 대해 어떤 축복을 내려주셨는지 성경은 자세히 이야기(창세기 15:25~22:17) 해 주고 있습니다.

아브라함은 하나님의 명령에 따라 모든 것을 버리고 고향을 떠나갔지만 그 땅에서 오히려 더 많은 재물과 가축을 거느린 힘있는 자로 살 수 있었습니다. 또 하나님의 명령에 따라 아들 이삭을 제물로 바치려 하였지만 아들을 잃지 않았음은 물론이고 오히려 더 큰 축복

을 받았습니다. 하나님은 이런 아브라함에게 두번씩
이나 낯선 땅에서 이렇게 약속하셨습니다.
내가 네게 큰 복을 주고 네 씨가 크게 번성하여 하늘
의 별과 같고 바닷가의 모래와 같게 하리니 이는 네
가 나의 말을 준행하였음이니라.

(창세기 22:17~18)

이처럼 하나님은 행함으로 믿음을 보여주는 사람에
게 영적, 물질적 축복은 물론 그 사람의 자손들에게
까지 축복을 약속하셨습니다. 십일조는 모든 것의 주
인이 하나님이고 자신은 청지기에 불과하다는 것을
인정하는 신앙고백입니다. 청지기란 주인의 일을 하
는 종을 말합니다. 십일조를 바치지 않는 행위는 종
이 주인 행세를 하려는 것이나 마찬가지입니다. 하나
님은 이 세상을 창조하실 때부터 에덴동산의 수많은
실과 중에 선악과를 구분하여 따먹지 말게 하셨습니
다. 또한 많은 날들 중에 안식일을 구별하여 지키도

록 명령하셨습니다. 이는 주인이신 하나님을 항상 기억하라는 뜻입니다. 십일조 역시 선악과와 안식일처럼 구별해야 할 하나님의 주권에 대한 명령입니다. 그것을 무시한다면 하나님의 주권을 무시하는 불순종의 행위가 되는 것입니다.

존 워너메이커

기 도 가

가르쳐 준

부자가 되는

비 결

—John Wanamaker

존 워너메이커

John Wanamaker, 1838 ~ 1922

　　　　　미국 워너메이커 백화점의 설립자로 세계 백화점의 왕이라 불린다. 신문광고를 이용하는 상술, 정찰판매제 등 현대적인 고객문화를 처음으로 개척하였다. 젊은 시절 YMCA 총무로 사역한 바 있다. 1858년 베다니 주일학교를 창립하여 평생 베다니 교회와 베다니 교회의 주일학교를 섬긴 것으로 유명하다. 또한 YMCA운동을 주도하면서 인도, 대한민국, 모스크바 등에 YMCA를 세워 나갔다. 1888년 미국의 체신부 장관이 되어 우편전신망의 정비에 힘쓰기도 했다.

"나는 늘 하나님 안에서 생각하고, 하나님 안에서 노력하고, 하나님 안에서 땀 흘리고, 하나님을 신뢰했습니다. 그것이 내 인생의 목표였습니다."

—존 워너메이커

누구보다
교회를 사랑한
'벽돌천사'

　　　　오래되고 낡은 한 교회 앞마당은 제
대로 벽돌이 깔려 있지 않아 비가 올 때마다 질척댔
습니다. 그럴 때면 곱게 차려입은 부인과 신사들은
인상을 찌푸리곤 했습니다. 흙탕물에 구두와 치맛자
락 등이 젖곤 했으니까요.

　"어머나, 교회 마당이 완전 진흙탕이야."

　"비만 오면 이 지경이니…….정말 지겹다, 지겨
워."

　사람들은 불평을 늘어놓으며 집으로 돌아갔습니
다. 그런데 한 소년이 서서 그 모습을 지켜보고 있었
습니다. 소년에게는 짜증을 내는 어른들이 이상하게
보였습니다. 그렇게 질척대는 마당이 지겹다면 다 같
이 문제를 고쳐 나가면 될 텐데, 아무도 그렇게 할 생
각은 하지 않고 말로만 불평을 늘어놓으니 말입니다.

'나 혼자라도 교회를 위해서 무언가를 해야겠어.'

소년은 이렇게 생각하고는 집으로 달려갔습니다. 그리고 언제나처럼 벽돌공인 아버지의 일을 도와주고 용돈을 받았습니다. 그런데 그날은 좀 달랐습니다. 용돈을 받아서 다시 아버지에게 내밀었습니다.

"아버지, 벽돌 한 장을 사고 싶어요."

"벽돌을 사다니? 벽돌을 어디다 쓰려고?"

"쓸 데가 있어요. 절대 나쁜 일에 사용하지 않을 거니까 걱정하지 마세요."

소년의 용돈으로 살 수 있는 벽돌은 단지 한 장이었습니다. 소년은 자신이 일해서 번 용돈을 벽돌 한 장을 사는 데 써버린 셈입니다. 그리고 다음날 새벽, 아무도 잠에서 깨어나지 않은 시간에 소년은 벽돌 한 장을 들고 교회로 갔습니다. 평소 아버지에게 배운 실력대로 벽돌 한 장을 제대로 깔아 붙였습니다. 매일 같이 소년은 일을 해서 용돈을 받아 벽돌을 샀고 다음날 새벽이면 어김없이 벽돌을 들고 교회로 갔습니다.

매일 조금씩 교회 마당에 벽돌이 깔리는 것을 알아챈 챔버스 목사는 도대체 어떤 천사가 교회 마당에 벽돌을 깔고 있는지 궁금했습니다. 그래서 하루는 몰래 숨어서 지켜보기로 했습니다. 그런데 숨어서 보고 있던 챔버스 목사는 어린 소년이 벽돌을 까는 것을 보고는 깜짝 놀랐습니다. 조금 가까이 다가가보니 눈에 익은 모습이었습니다. 소년은 바로 그 교회의 주일학교에 열심히 다니고 있는 존 워너메이커였던 것입니다.

"존 워너메이커!"

갑작스럽게 자기를 부르는 소리에 워너메이커는 깜짝 놀라 뒤를 돌아보았습니다.

"어느 천사가 우리 교회에 벽돌을 깔아주고 있나 했더니 바로 너였구나. 도대체 어떻게 된 일이냐?"

"실은 제가 아버지 일을 도와드리고 번 용돈으로 벽돌을 하나씩 사서 교회 마당을 전부 깔 계획이었어요. 하루에 한 장밖에는 벽돌을 살 수 없지만 2년 정도 하면 다 깔 수 있을 거라고 생각했죠!"

"2년? 2년 동안 혼자서 벽돌을 깔아 나갈 생각이었단 말이냐?"

"네."

"어린 너의 믿음이 우리 어른들의 믿음보다 훨씬 크구나."

목사님은 어린 소년의 손을 덥석 잡고는 눈을 감고 기도를 하기 시작했습니다.

"주여, 이 영혼을 기억해 주소서. 주님의 몸 된 교회를 사랑의 마음으로 섬긴 존 워너메이커에게 복을 내려주시옵소서. 늘 함께 하시어, 워너메이커가 하나님의 영광을 드러내는 큰 인물이 될 수 있도록 앞길을 밝혀 주시옵소서. 아멘!"

챔버스 목사는 다음 주일 설교 때 성도들에게 워너메이커의 선행에 대해서 이야기했습니다. 워너메이커의 행동은 성도들에게 큰 감동을 주었습니다. 챔버스 목사는 성도들에게 예수님이 어린 소년과 함께 일하고 있다고 외쳤습니다.

"여러분은 소년과 함께 주님이 일하고 계신데 뒷

짐만 진 채 계속 모른 척 하시겠습니까? 행함이 없는 믿음은 죽은 믿음입니다!"

사람들의 마음이 움직이기 시작했습니다. 누가 먼저랄 것도 없이 성도들은 결심했습니다.

"낡은 성전을 허물고 주님의 교회를 새로 세웁시다. 우리가 힘을 합하면 할 수 있습니다! 주님이 어린 소년을 통해 우리에게 마음을 모으고 뜻을 모아서 성전을 새롭게 하라고 말씀하신 겁니다!"

워너메이커의 벽돌이 성전을 다시 세우는 역사를 일으켰습니다. 성도들은 돈을 모으고 힘을 합하여 낡은 교회를 새롭게 다시 세웠습니다. 성도들은 워너메이커를 '벽돌 천사'라고 불렀습니다. 어린 워너메이커는 믿음으로 하나님의 일을 하고자 할 때 아무리 미약한 힘이라 하더라도 하나님이 그를 통해 역사하신다는 사실을 다시 한 번 깨달았습니다. 그리고 그러한 깨달음은 앞으로 그가 사업을 해서 큰 성공을 거두고 미국의 체신부 장관을 지낼 정도로 큰 인물로 커나가는 데 든든한 밑거름이 되어주었습니다.

워너메이커는 1838년 가난한 벽돌
공의 아들로 태어나서 자랐습니다. 집이 너무 가난해
서 고작해야 2년 정도밖에 학교를 다니지 못했습니
다. 학교를 그만둔 후에는 집안일을 도우며 어렵게 생
활해야 했습니다. 더구나 열네 살이 되던 해에는 아버
지마저 일찍 돌아가자 생활은 더욱 어려워졌습니다.

이처럼 현실적인 어려움이 많았지만 그는 하나님을
의지했기에 쉽게 좌절하지 않았습니다. 학교를 다니
지는 못해도 교회를 열심히 다니며 주일학교를 통해
많은 것을 배웠으며 매일같이 성경을 읽었습니다.

"하나님이 도와주실 거야. 하나님께서 함께 하실
거야."

그는 늘 이렇게 믿었습니다. 시련 속에서도 주님의
뜻이 있을 거라고 믿었습니다. 아버지가 없는 가난한
가정에서 생계를 꾸려 나가고자 워너메이커는 계속

해서 일해야 했습니다. 그러다가 옷가게 점원으로 일하던 어느 날, 피를 토하며 쓰러졌습니다. 폐결핵이라는 병에 걸린 것입니다. 당시로는 죽음에 이를 수 있는 무서운 전염병이었습니다. 의사는 한적한 곳에서 요양을 해야 나을 수 있다고 말했습니다.

"하나님도 무심하시지. 너처럼 성실하고 열심히 교회도 다니는 젊은이에게 이런 시련을 주시다니… ."

옷가게의 주인이 병원에 찾아와 말했습니다. 그러나 워너메이커는 왜 이런 시련을 주느냐고 하나님을 원망하는 대신 마음을 가다듬었습니다 .

"주님, 주님께서는 분명히 저를 향한 더 좋은 계획을 준비하고 계신 거지요? 저를 이대로 내버려 두지 않고 도와주실 거지요?"

하나님에게는 워너메이커를 더욱 크게 쓰시려는 선한 계획이 있었습니다. 하나님은 워너메이커가 조그만 옷가게에서 점원으로서 바쁘게 살아가기를 원치 않으셨습니다. 더욱 큰일을 하기를 원하셨던 거죠. 그러기 위해서 시련을 통해 워너메이커를 준비시키고자 했던 것입니다. 병을 치료하기 위한 요양은 단순히 치료뿐만 아니라 하나님의 때를 기다리는 시간이 되었습니다.

"하나님은 이런 시련을 통해 나를 더 좋은 길로 인도해 주실 거야. 모든 시련에는 하나님의 뜻이 있어. 주님의 때가 이를 때까지 참고 견디며 준비하면 되는 거야."

먹고 사는 일에 쫓겨 매일같이 일을 해야 할 때는 하나님에 대해서 또 자신의 장래에 대해서 깊이 생각해 볼 겨를이 없었습니다. 그러나 병을 치료하기 위해 아무 일도 하지 않고 요양을 하다 보니 많은 것을 생각할 수 있었습니다. 건강을 되찾으면 더 열심히 주의 일을 해야겠다고 결심했습니다.

하나님은 시련을 담담히 이겨낸 그에게 새로운 기회를 허락하셨습니다. 건강을 되찾은 워너메이커가 필라델피아에 있는 YMCA의 총무로 일하게 된 것입니다. 그것도 당시로서는 상당히 큰 금액인 연봉 1,000달러를 받으면서 말입니다.

YMCA (Young Men's Christian Association: 기독교 청년들의 모임)는 세계적인 기독교 운동단체로 젊은이들을 올바른 길로 이끌기 위한 다양한 사업을 펼쳤습니다. YMCA의 총무가 된 존 워너메이커는 우선 필라델피아의 방황하는 젊은이들을 주목하고 밤마다 회원들을 모아서 기도하기 시작했습니다. 그리고 거리로 나가 술과 담배, 마약에 취한 젊은이들에게 전도했습니다.

"예수님이 지금 당신을 부르고 계십니다."

"예수가 어디 있어? 있으면 내 눈앞에 한 번 보여줘봐."

"주님 안에서만 우리는 가치 있는 삶을 살 수 있습니다."

"헛소리 말고 꺼져!"

험한 꼴도 많이 당했지만 존 워너메이커의 복음 전파는 멈추지 않았습니다. 그 결과 57명에서 시작한 YMCA 회원이 1년 만에 2,000명을 넘어서게 되었습니다. 하나님은 워너메이커를 통해 수많은 젊은 영혼이 주님께로 돌아오도록 하는 역사를 이루셨던 것입니다.

　또한 워너메이커는 챔버스 목사님과 여러 사람들의 도움을 받아 지역의 어린이들을 위한 주일학교를 열었습니다. 어린이들만을 위한 선교 공간을 따로 마련한 것입니다. 그런데 문을 연 지 얼마 되지 않아서 큰 난리가 났습니다.

　"다 부숴버려! 누가 우리 허락도 없이 맘대로 여기서 예배를 드려?"

　"여기서 사업을 하려면 먼저 우리에게 자릿세를 내야지!"

　동네 불량배들이 들어와 난동을 부렸습니다. 힘들게 구한 책상과 의자, 시설들이 모두 박살이 났습니다. 불량배들은 몽둥이를 휘두르며 위협을 하고는 사라졌습니다. 워너메이커와 동료들은 두려운 마음이 앞섰지만 주님과 아이들을 생각했습니다.

　"우리 낙심하지 맙시다. 틀림없이 주님이 우리를 도우실 거예요."

"이 정도 시련에 기가 죽어서는 안 됩니다."

"기도합시다. 기도하면 주님이 길을 가르쳐 주실 거예요."

"어떤 일이 있어도 이 주일학교는 지켜내야 합니다."

누가 먼저랄 것도 없이 세 명의 젊은이들은 부서진 사무실 안에서 무릎을 꿇고 기도했습니다. 절망적인 상황이었지만 그 어느 때보다도 주님이 가까이 계시다는 느낌이 들었습니다. 그들의 믿음대로 하나님은 더 안전하고 좋은 장소를 발견하도록 인도하여 주일학교의 부흥을 예비해 주셨습니다. 주일학교는 다른 건물의 사무실을 찾아내어 마침내 1858년 2월 다시 문을 열었고, 시간이 갈수록 더 많은 어린이들이 모여들어 건물 전체를 다 사용해야 할 정도가 되었습니다.

어린 벽돌천사에서 폐결핵이라는 시련을 넘기면서 청년이 된 워너메이커는 YMCA 일과 주일학교 일을 하면서, 주의 일을 하고자 한다면 아무리 작은 힘이라 하더라도 하나님께서 역사하신다는 사실을 다시 한 번 깨달았습니다. 어려운 일이 닥칠수록 주님은 오히려 가까이 계시다는 것을 말입니다.

하나님은
가장 든든한
동업자

  존 워너메이커에게는 사업가가 되겠다는 꿈이 있었습니다. 하나님은 그의 꿈을 이끌어 주셨습니다. 1861년 23세의 존 워너메이커는 필라델피아에서 의류점을 열고 사업을 시작했습니다. 사업을 시작한 지 며칠 만에 남북전쟁이 터져서 위기를 맞았지만 군부대에 납품을 함으로써 위기를 기회로 바꿔 나갔습니다.
  어느 날 존 워너메이커의 의류점 옥상에 커다란 풍

선이 달렸습니다. 거기에는 '워너메이커&브라운 오크홀 의류점'이라는 상호가 쓰여 있었습니다. 커다란 풍선이 높이높이 올라가 휘날리자 멀리서도 사람들이 그 풍선을 발견하고 워너메이커의 의류점으로 몰려들었습니다. 옥상에 매단 풍선뿐만 아니라 필라델피아 도시 곳곳에 커다란 풍선들이 떠다녔습니다. 사람들은 처음 보는 커다란 풍선이 신기해서 모여들었습니다. 그 풍선에는 이렇게 쓰여 있었습니다.

"풍선을 가져오는 사람에게 고급 양복 한 벌을 공짜로 드립니다."

"뭐라고? 풍선을 가져오면 고급 양복이 공짜래!"

사람들은 풍선을 찾기 위해 난리였습니다. 어떤 풍선은 멀리 멀리 날아가 농가의 늪에 빠지기도 했는데 늪에 빠진 풍선은 진흙투성이가 되어 커다란 괴물처럼 보였습니다.

"경찰에 신고해. 늪에 괴물이 나타났어!"

풍선을 괴물로 오해한 사람들이 신고하여 경찰이 출동하는 해프닝이 벌어지기도 했습니다. 이러한 풍선 소동은 바로 존 워너메이커가 생각해 낸 풍선 광고였습니다. 요즘은 흔히 볼 수 있는 애드벌룬 광고이지만 그때는 최초의 시도였기에 사람들의 시선을 한눈에 받았습니다. 그럴수록 존 워너메이커의 의류점은 유명해졌습니다. 1869년 두 번째 상점을 열었고 이후 사업은 더욱 확장되었습니다.

존 워너메이커는 사업으로 바빠졌어도 주일학교 교사 일만큼은 조금도 소홀히 하지 않았습니다. 그런 그에게 하나님은 탁월한 계획을 보여주셨습니다. 어느 날 상가를 돌아보고 있을 때 생각지도 못한 지혜를 주신 것입니다.

"골목마다 죽 늘어선 채 흩어져 있는 상점들을 봐. 옷가게 신발가게, 액세서리 가게…이 모든 가게들이 모두 한 곳에 모여 있다면? 그것도 실내의 한 공간에 말이야!"

갑자기 그의 눈에는 화려하고 거대한 한 건물 안에 이 모든 상점들이 들어가 있는 모습이 보였습니다. 고급스럽게 차려 입은 손님들은 한 곳에 모여 있는 상점들을 하나씩 돌아보며 맘껏 쇼핑을 하고 있었습니다.

"이거야, 이거! 모든 상점을 한 곳에 모아서 사업을 크게 벌이는 거야."

하나님께서는 워너메이커에게 미래의 백화점 모습을 보여 주신 것입니다. 백화점이라는 말조차 세상에 존재하지 않을 때였지만 워너메이커는 세계 최초로 백화점이라는 것을 생각해 낸 것입니다. 곧이어 1875년 오십여만 달러라는 거금을 지불하고 화물 정거장을 인수하여 그곳에 백화점을 세웠습니다. 백화점은 점점 유명해져서 계속해서 건물을 확장하고 곳곳에 존 워너메이커의 백화점이 새롭게 건설되었습니다. 벽돌천사 존 워너메이커는 이제 세계의 백화점 왕이자 큰 부자가 된 것입니다.

워너메이커가 자신의 사업을 해나가면서도 하나님의 일을 게을리 하지 않고 열심을 다하자 하나님은 그가 더욱 많은 일을 해나갈 수 있도록 날로 풍성하게 재물을 채워주셨고, 워너메이커는 하나님이 주신 재물을 가지고 곳곳에 교회를 세워 나갔습니다.

"존 워너메이커는 천재야. 어떻게 이토록 기발한 생각을 해낼 수가 있지?"

사람들은 워너메이커의 사업수완과 기발한 광고 전략에 대해서 이렇게 말했습니다. 사람들이 워너메이커에게 성공비결을 물어 오면 그는 이렇게 말했습니다.

"하나님이 하신 일이지요. 저는 모든 지혜를 하나님으로부터 얻습니다. 기도하면 하나님이 길을 가르쳐 주시니까요."

그는 백화점 게시판에 다음과 같이 써 붙이고 직원들에게 지키도록 했습니다.

John
Wanamaker

<전 사원에게 알림>

1. 주일에는 아무리 바쁜 일이 있어도 절대 출근하지 마십시오.

2. 주일에는 하나님을 예배하고 성경을 배우십시오.

3. 교회에 적어도 1년에 5달러 이상은 헌금하십시오.

4. 주일에 댄스홀이나 유흥업소에 가려면 회사에 그 이유서를 제출하십시오.

존 워너메이커는 백화점을 지을 때마다 기도실을 따로 만들었습니다. 밖의 소리가 들리지 않도록 방음 시설을 하고 조용한 가운데 기도할 수 있도록 했습니다. 그리고 매일 아침 기도실에 들어가 하나님께 기도를 올리고 그날의 할 일에 대한 지혜를 구했습니다. 그는 단 한 번도 기도를 하지 않고 혼자서 사업상의 중요한 일을 결정한 적이 없습니다. 가장 지혜로운 동업자 하나님이 그의 곁에 계셨으니까요.

"존 워너메이커 씨, 미국의 체신부 장관직을 맡
아 주십시오."

1889년 미국의 23대 대통령인 해리슨 대통령이 존
워너메이커를 불러서 말했습니다. 나라의 일을 돕는
다는 것은 의미 있는 일이었지만 워너메이커는 고개
를 저었습니다.

"저는 학교라고는 2년밖에 다니지 않았습니다. 저
를 장관으로 임명하시면 많은 사람들의 비난을 받을
것입니다."

"난 대통령으로서 당신의 능력과 성실함을 믿습니
다. 체신부 장관으로서는 존 워너메이커 당신이 적임
자입니다."

"감사합니다만 그래도 저는 할 수 없습니다."

"도대체 왜 못한다는 겁니까?"

"저는 베다니 교회의 주일학교 교사이기 때문입니

다.”

“뭐라고요?”

“나라의 일을 하다보면 개인 사정보다는 국가적인 필요에서 주일에도 일을 하거나 챙길 것이 많을 게 분명합니다. 위급한 일이 생기면 주일 예배조차 드리지 못하는 경우가 생길지 모릅니다. 저는 어떠한 일이 있어도 주일과 주일학교를 지켜야 합니다. 그건 하나님과의 약속이니까요.”

대통령은 고개를 끄덕였습니다. 워너메이커의 신앙 생활에 대해서는 이미 들어서 알고 있었던 것입니다.

“좋습니다. 그렇다면 대통령으로서 주일과 주일학교를 지킬 수 있도록 철저히 배려하겠습니다. 그렇다면 맡겠습니까?”

“물론입니다.”

이렇게 해서 워너메이커는 미국의 체신부 장관이 되었습니다. 학교 교육도 얼마 받지 않은 워너메이커가 장관이 되는 데에 반대하던 사람들도 많았습니다.

그러나 존 워너메이커는 자신이 맡은 장관직을 훌륭히 해냈습니다. 하나님으로부터 지혜를 얻는 자신의 방식대로 우체국 업무를 획기적으로 개선해 나갔습니다. 집에서도 우편물을 보낼 수 있도록 하고 우체국의 수를 파격적으로 늘리는 한편 우체국 예금이나 우체국 소포, 우편제도 등을 실시했습니다. 그가 추진한 많은 우체국 업무는 오늘날 세계 우체국 업무의 가장 중요한 부분이 되었습니다.

그는 임기 4년 동안 매주 토요일마다 워싱턴에서 베다니 교회가 있는 필라델피아까지 기차를 타고 오고가는 생활을 계속했습니다. 워싱턴에 있는 교회에서 간단히 예배만 드리는 데 만족하지 않고 자신이 섬기는 베다니 교회에 가서 온전히 주일을 지킨 것입니다. 베다니 교회에는 그를 기다리는 주일학교 어린이들이 있었습니다. 워너메이커의 젊은 시절 57명으로 시작한 베다니 주일학교는 그때 이미 1만 명을 넘어설 정도로 성장해 있었습니다. 워너메이커는 마지막까지 하나님이 맡긴 어린 영혼들에게 온 열정을 쏟았습니다.

　프란시스 E. 클락 이라는 분은 다음과 같은 기록을 남겼습니다.

　"워너메이커 장로님으로부터 만나자는 연락을 받았다. 나는 그분이 주일에 얼마나 바쁜지 잘 알고 있었다. 워너메이커 장로님과 만난 날, 나는 베다니 교회에서 내 생애 최고로 많은 예배를 드렸다. 자그마치 일곱 번이나 예배를 드린 것이다. 식사할 시간조차 없었다.

　둘 다 녹초가 되어 집으로 돌아오는 길에 장로님은 3주째 교회에 나오지 못하는 어린이가 있는데 함께 심방을 갈 수 있느냐고 물었다. 나는 너무도 놀랐다. 그토록 바쁜 분이 한 마리의 어린 양을 위해 시간을 내다니!

　빈민가로 들어선 우리는 온기라고는 전혀 없는 허름한 집에 들어갔다. 찬 공기만 가득한 방안에 어린 소녀가 누워 있었다.

　'이렇게 아프면 연락을 하지 그랬니?' 하고 워너메

이커 장로님이 묻자 소녀는 힘없는 목소리로 '선생님은 바쁘잖아요?'라고 대답했다. 순간 워너메이커 장로님은 눈물을 글썽이셨다. 그분과 나는 찬 바닥에 무릎을 꿇고 소녀와 소녀의 가족을 위해 기도했다."

존 워너메이커는 자신의 모든 성공이 주일을 지키고 하나님을 섬기는 데서 나온다고 믿는 사람이었습니다. 워너메이커는 사업이 번창할수록 더욱 철저히 십일조를 지켰습니다. 한번은 회계직원이 존 워너메이커를 찾아와 이렇게 제안한 적이 있었습니다.

"회장님, 회장님이 내시는 헌금이 교회에서 제일 많을 텐데 이제는 십일조를 내지않아도 되지 않을까요? 차라리 그 돈을 다른 사업에 투자하시면 사업이 더 번창할 겁니다."

워너메이커는 회계직원에게 이렇게 타일렀습니다.

"하나님의 것을 제일 먼저 떼놓지 않으면 잊어버리기 쉽네. 그래서 어릴 때 어머니는 내 옷에 주머니를 두 개 만들어 달아 주셨지. 난 용돈을 받을 때마다 십분의 일을 계산해서 먼저 속주머니에 넣어 두곤 했어. 아무리 사업이 번창해서 많은 돈을 번다고 해도, 그 모든 것은 내 것이 아니고 하나님의 것이지. 그렇게 생각하면 십분의 일도 오히려 부족하지 않겠나?"

회계직원은 부끄러워 고개를 숙이고 돌아갔습니다.

이처럼 존 워너메이커는 84세의 나이로 죽을 때까지 한 주도 빠짐없이 주일을 지키고 주일학교를 섬겼으며 십일조를 지켰습니다. 병상에 있을 때 그는 주변 사람들에게 이러한 말을 남겼습니다.

"나는 늘 하나님 안에서 생각하고, 하나님 안에서 노력하고, 하나님 안에서 땀 흘리고, 하나님을 신뢰했습니다. 그것이 내 인생의 목표였습니다."

65년 동안 한 교회를 섬기며 교회의 일에 전심전력으로 봉사한 존 워너메이커의 장례식은 베다니 교회에서 치러졌습니다. 모든 신문들은 그의 죽음을 제일 앞면 큰 기사로 다루었습니다. 성가대원들의 찬양이 울려 퍼지는 가운데, 1만5천 명이 넘는 사람들이 찾아와 그의 죽음을 슬퍼했습니다. 특히 많은 주일학교 학생들이 하늘나라로 떠난 영원한 주일학교 선생님 존 워너메이커를 그리워했습니다. 베다니 교회 목사님은 조문객들을 향해 이렇게 말씀하셨습니다.

"우리는 슬퍼하고만 있어서는 안 됩니다. 우리도 워너메이커 장로님처럼 하나님께 충성된 삶을 살겠다고 다짐합시다. 그리고 다 함께 주님이 기뻐하시는 더욱 아름다운 교회를 만들어 나갑시다!"

가난한 환경에서 학교도 제대로 나오지 못한 존 워너메이커는 누구든지 하나님을 의지하고 하나님 안에서 열심히 노력하면 어떠한 환경에서도 성공적인 삶을 살 수 있다는 꿈을 우리에게 남겨 주었습니다.

야곱, 감사의 마음으로 십일조를 맹세하다
십분의 일을 내가 반드시 하나님께 드리겠나
이다

"하나님이 나와 함께 계셔서 내가 가는 이 길에서 나를
지키시고 먹을 떡과 입을 옷을 주시어 내가 평안히 아버
지 집으로 돌아가게 하시오면 여호와께서 나의 하나님
이 되실 것이요, 내가 기둥으로 세운 이 돌이 하나님의
집이 될 것이요, 하나님께서 내게 주신 모든 것에서 십분
의 일을 내가 반드시 하나님께 드리겠나이다"

(창세기 28 : 20 ~ 22)

아브라함의 손자인 야곱은 고향을 떠나 먼 하란 땅으로 도망치는 신세가 되었습니다. 형 에서의 축복을 가로챈 것이 들켜 형의 분노를 사게 되었기 때문입니다. 당시 씨족사회에서 고향을 떠나 먼 타향으로 간다는 것은 목숨이 위태로울 만큼 막막한 일이었기에, 야곱은 불안과 공포에 휩싸여 있었습니다. 그런데 도망치다가 지쳐 쓰러지듯 잠든 야곱의 꿈에 하나님이 나타나 이렇게 약속하셨습니다.

· · · ·

나는 여호와니 너의 조부 아브라함의 하나님이요 이삭의 하나님이라. 네가 누워 있는 땅을 내가 너와 네 자손에게 주리니... 너와 네 자손으로 말미암아 복을 받으리라. 내가 너와 함께 있어 어디로 가든지 너를 지키며 너를 이끌어 이 땅으로 돌아오게 할지라. 내가 네게 허락한 것을 다 이루기까지 너를 떠나지 아

니하리라. (창세기 28 : 13 ~15)

하나님은 야곱 앞에 직접 나타나 자신이 어떤 분인지 알리고 아브라함을 자기 백성으로 삼은 것처럼 야곱을 자기 백성으로 삼아 그의 하나님이 되어 복을 주시겠다고 언약해 주셨습니다. 야곱을 위한 하나님의 약속은 야곱에게만 해당되는 것이 아닙니다. 오늘날 믿는 백성 모두에게 해당되는 하나님의 언약입니다.

· · ·

일평생 하나님을 섬기겠다는 야곱의 결심

하나님의 약속에 야곱은 눈물을 흘리며 감격하였습니다. 이토록 감사하고 든든한 하나님의 약속이 함께한다면 세상의 어떤 일도 이겨나갈 수 있다는 용기를 얻었습니다. 그는 꿈에서 깨어나 하나님의 은혜에 감사하며 뜨거운 마음으로 바로 그곳에 제단을 쌓고 하나님께 서원기도를 하였습니다.

"여호와께서 나의 하나님이 되실 것이요, 내가 기둥으로 세운 이 돌이 하나님의 집이 될 것이요, 내게 주신 모든 것에서 십분의 일을 반드시 하나님께 드리겠나이다!"

그는 하나님밖에는 의지할 존재가 없다는 것을 확실하게 깨달았습니다. 그래서 하나님의 약속에 응답하는 마음으로 평생 하나님을 섬기겠다고 결심하며, 하나님을 위한 제단을 쌓는 것과 십일조 생활을 하겠다고 맹세하게 된 것입니다.

마음으로 믿는 것도 중요하지만 야곱처럼 결단하며 하나님 앞에 자신의 행동으로 보여 주는 것이 반드시 필요합니다. 나를 찾아주신 하나님에 대한 믿음을 고백하고 하나님의 백성으로서 어떻게 살아가겠다는 결단의 마음과 실천이 더 중요합니다. 그래서 야곱은 제단 쌓는 것과 십일조 생활을 결심하고 하나님 앞에 서원하였고 삶 속에서 지켜나갔습니다.

그런 야곱에게 하나님은 함께해 주셨고, 그 결과 야

곱은 아무것도 가진 것 없이 하란 땅에 갔지만 아내를 얻어 20년 만에 고향으로 돌아올 수 있었고 물질적인 축복을 누렸으며 그의 아들들이 이스라엘의 12지파의 조상이 될 수 있었습니다.

자기를 나타내 보이신 하나님을 평생 주인으로 섬기며 살겠다는 하나님과의 약속을 표현하는 행위 중 하나가 바로 십일조입니다. 십일조에 대한 서원 이행이 뒤따를 때 하나님께서도 우리와 함께 하시며 복 주시기를 기뻐하십니다.

하나를 바치면

열의 축복을

주시는 하나님

—John Davison Rockefeller

존 록펠러

John Davison Rockefeller, 1839 ~ 1937

미국의 실업가, 석유재벌. 스탠더드석유회사를 설립하여 미국 내 정유소의 95%를 지배하는 스탠더드 오일 트러스트를 조직하였고 더 나아가 세계 석유시장에서도 독보적인 영향력을 행사했다. 그 후 독점을 반대하는 여론이 커져 미국 연방최고재판소로부터 해산명령을 받고 트러스트를 해체했다.

석유사업뿐만 아니라 자선사업에도 몰두하여 12개의 종합대학과 12개의 단과대학을 세웠으며, 4,900여 개의 교회를 세웠다. 록펠러재단ㆍ일반교육재단ㆍ록펠러의학연구소 등을 설립하여 오늘날 자선사업의 길을 열었다.

"하나님이 내게 돈을 벌게 해주셨습니다. 나는 누구보다도 돈을 많이 벌어보았습니다. 이제 나는 사람들에게 도움이 되도록 이 돈을 쓸 것입니다. 하나님은 내가 돈을 벌면 그것을 또 다른 사람들에게 나누어 주실 것을 아시고 나를 도구로 사용하고 계십니다. 나는 하나님의 도구일 뿐입니다."

— 존 록펠러

어머니가 가르쳐 주신
십일조의 비밀

　　　　'록펠러'는 군이 설명해 주지 않아
도 전 세계 사람들이 부자의 대명사로 알고 있는 이
름입니다. 인류가 기억하는 최고의 부자 록펠러! 많
은 사람들이 그가 어떻게 부자가 되었는지 비결을 궁
금해 합니다. 누구는 록펠러가 사업적인 능력을 타고
났다고 말하고, 누구는 록펠러가 돈의 흐름을 보는
눈을 가졌기에 큰 부자가 되었다고 말합니다. 또 누
구는 록펠러가 돈을 벌기 쉬운 시대에 태어나 운 좋
게 거대 기업을 일구었다고 말하기도 합니다.

　그러나 그의 인생을 들여다보면 세상 사람들이 미
처 보지 못한 한 가지 비결을 발견할 수 있습니다. 록
펠러는 철저한 기독교 신자였고 십일조로 자신의 믿
음을 평생토록 증명해 보인 사람이었던 것입니다.

　"존, 이리와 봐라."

　어느 일요일날 아침, 록펠러의 어머니는 여섯 살이

된 아들을 불렀습니다.

"너도 이젠 많이 컸으니 오늘부터는 혼자서 교회에 가봐라. 그리고 이건 엄마가 주는 용돈이란다."

어머니는 여섯 살 소년 록펠러에게 20센트를 내밀었습니다. 난생 처음 받는 용돈에 어린 록펠러의 눈이 반짝였습니다.

"정말 이걸 제가 다 가져도 되요?"

"그 돈은 엄마가 너에게 분명히 주는 거야. 그러나 그 돈 안에는 하나님에게 바쳐야 할 하나님의 몫이 들어 있단다. 20센트의 십분의 일, 즉 2센트는 먼저 하나님께 바쳐야 하는 거야. 그걸 '십일조'라고 하는 거다."

"십일조라고요?"

"앞으로도 돈이 생기면 반드시 잔돈으로 바꾸어서라도 십분의 일을 먼저 떼어 놓고 그 나머지를 사용하도록 해라. 알았지?"

어머니는 2센트를 헌금봉투에 넣어 주었습니다. 록펠러는 어머니에게서 헌금 봉투를 받아들고 교회로 향했습니다. 그리고 어머니가 가르쳐 준 대로 제일 앞으로 가서 예배를 드렸습니다. 자신이 낸 십일조 헌금이 하나님께 바쳐지고 예배를 드린다고 생각하니 왠지 하나님이 더욱 가까이 느껴지고 가슴엔 기쁨이 넘쳤습니다. 처음으로 십일조가 주는 참다운 기쁨을 경험한 것입니다.

존 록펠러의 어머니는 엄격하게 신앙생활을 가르쳤을 뿐만 아니라 성실하고 부지런한 생활을 강조했습니다. 무슨 일이든지 주의 일을 하듯 열심히 하고 근검절약하며 사는 게 기독교인의 바른 자세라고 가르쳤습니다.

"존, 어서 일어나라. 일찍 일어나 부지런히 일하지 않으면 거지가 된단다."

매일 아침 어머니는 이렇게 말하며 어린 아들을 깨웠습니다. 가난한 집안에 태어난 존 록펠러는 어려서부터 집안일을 거들어야 했습니다. 잡초도 뽑고 청소도 하고 소젖도 짰습니다. 때로는 이웃들의 일을 거들어서 돈을 벌기도 했습니다. 어머니는 그런 일들을 통해 아들의 자립심이 강하게 자라기를 바랐습니다. 이웃집의 감자를 캐 주고 난생 처음 자기 힘으로 돈을 벌게 된 록펠러는 신이 나서 집으로 달려왔습니다.

"엄마, 보세요. 제가 50센트를 벌었어요. 50센트를!"

어머니는 빙그레 웃으며 록펠러를 맞이하면서 아들의 앞에 두 개의 주머니를 내놓았습니다.

"이게 뭐예요?"

"주머니란다. 하나는 너의 것이고, 하나는 하나님의 것이지. 앞으로 너는 50센트가 아니라 더 많은 돈을 벌게 될 거야. 그때마다 잊지 말고 먼저 하나님의 것을 구별하여 그 중 십분의 일은 이 작은 주머니에 먼저 담아두어라. 그리고 나머지를 너의 주머니에 넣어두고 쓰는 거다. 알겠지? 하나님의 것을 구별할 줄 알아야 하나님이 기뻐하신단다."

"네!"

처음 번 돈으로 사고 싶은 게 너무 많았지만 록펠

러는 어머니의 말에 순종했습니다. 돈을 다 쓰지 못하는 건 조금 아쉬웠지만 십일조를 하는 기쁨을 배워 갔습니다. 존 록펠러는 어머니로부터 어린 시절 철저한 십일조와 신앙 교육을 받았습니다. 그는 어머니가 힘든 살림 형편 중에서도 철저하게 십일조를 헌금하는 모습을 보고 자랐습니다. 그리고 어릴 때부터 교회를 통해 작은 기부를 시작했고 97세의 나이로 세상을 떠날 때까지 한 번도 십일조를 거른 적이 없었습니다. 기업을 세워 성공한 다음에는 십일조 계산하는 직원을 40명이나 두고 철저하게 십일조를 생활을 지켜 나갔습니다.

끝이라고 생각했을 때
하나님이 응답하셨다

1855년 8월 고등학교를 졸업한 록펠러는 대학진학을 포기할 수밖에 없었습니다. 집안 형편이 어려웠기 때문에 대학 진학은 꿈도 꾸지 못했고 일자리를 찾아야 했습니다. 그러나 당시 미국은 서부 개척 시대라서 일반 노무직은 자리가 많았지만 록펠러가 원하는 사무 관리직은 자리를 구하기가 어려웠습니다.

뜨거운 태양 아래 클리블랜드 도시를 수도 없이 헤매고 다녔지만 일자리를 구할 수 없었습니다. 아버지는 시골에 가서 농사나 짓자고 했지만 존 록펠러는 절대 그럴 수가 없었습니다.

"나는 이 지긋지긋한 가난에서 벗어나 부자가 될 거야. 난 돈을 벌고 싶어, 10만 달러를 벌고 말거야! 여기서 포기하고 시골로 내려갈 수는 없어!"

록펠러는 포기하지 않았습니다. 계속해서 사업을

John
Davison
Rockefeller

조
록
펠
러

배울 수 있는 일자리를 찾으러 다녔습니다. 한 번 거절을 당한 회사도 계속 다시 찾아갔습니다.

"한번만 기회를 주신다면 정말 열심히 일하겠습니다."

"자네가 잘할 수 있는 게 뭔가?"

"저는 돈 관리를 잘합니다. 회계와 경리 일은 자신 있습니다."

"좋아, 한번 시켜보지."

이렇게 해서 록펠러는 작은 곡물판매상에서 경리 직원으로 취직을 하게 되었습니다. 훗날 세계가 부러워하는 최고의 부자가 된 록펠러의 첫 출발은 이렇게 작고 미약했습니다. 그러나 록펠러는 첫 직장을 구한 날을 평생토록 잊지 않았습니다. 부자가 된 후에도 직장을 구한 9월 26일이 자신의 두 번째 생일이라며 그날만 되면 자신의 저택에 성조기(미국의 국기)를 내걸고 생일파티를 열곤 했습니다.

록펠러는 매일 아침 6시 30분이면 출근해서 밤 10시가 넘어서야 퇴근을 했습니다. 석 달이 지나서야 아주 형편없는 월급을 처음 받을 수 있었지만 일을 배워나가기 위해서 부당한 대우도 참았습니다. 그는 항상 어떻게 하면 돈을 벌 수 있을까에 대해 수없이 생각하며 하루도 빠짐없이 회계장부를 써내려갔습니다. 힘들 때면 그는 성경구절을 생각했습니다.

"사람이 마음으로 자기의 길을 계획할지라도 그 걸음을 인도하시는 자는 여호와시니라....."

잠언 16장 9절에 나오는 말씀이었습니다. 그는 주님이 자신의 길을 인도해 주시리라 믿었습니다. 그리고 어려운 가운데서도 열심히 신앙 생활을 계속했습니다. 일요일이면 예배뿐만이 아니라 교회 마당을 쓸고, 난로에 불을 피우고, 등에 불을 켜고, 신도들에게 빈자리를 안내하곤 했습니다. 교회의 모든 행사에 헌금을 하고 자신의 수입에서 십분의 일을 떼어 철저하게 십일조를 지켜 나갔습니다.

드디어 1859년, 수년간의 직장 생활을 정리하고 사업을 시작했습니다. 그의 꿈이 조금씩 움트고 있었던 것입니다. 처음에는 친구와 함께 고기, 곡식, 생선, 대리석 등 다양한 품목을 거래하는 판매회사를 차렸으나 시간이 지남에 따라 석유사업에도 조심스럽게 관심을 가졌습니다. 온 세상이 석유로 난리였으니까요. 석유를 발견한 사람은 하루아침에 벼락부자가 되기도 했습니다. 그러나 록펠러는 아직 석유사업에 달려들지는 않은 채 신중을 기하고 있었습니다.

석유사업의 진가를 알지 못한 록펠러는 1863년 한 친구의 꼬임에 넘어가 거금을 들여 탄광 하나를 사들이게 되었습니다. 그러나 그 탄광은 아무것도 나오지 않는 쓸모없는 탄광이었습니다. 아무리 파내려가도 돌덩어리밖에 없었던 것입니다. 석유사업에도 거금을 투자해 놓고 탄광을 사들이는 데도 무리한 투자를 해버린 록펠러는 심각한 위기에 처하게 되었습니다. 임금이 밀리자 광부들은 폭도로 변해 난동을 부렸습니다. 광부들은 록펠러를 끌고 가 깊은 탄광 속에 가두어 버렸습니다. 죽어버리고 싶을 만큼 록펠러는 괴로웠습니다.

"하나님의 뜻은 어디에 있는 건가요? 저에게 이런

위기를 주시는 데에는 분명 하나님의 뜻이 있으리라 믿습니다. 저를 이렇게 혼자 내버려 두지 마시고 제발 저를 도와주세요!"

록펠러는 탄광 바닥에 무릎을 꿇고 기도하기 시작했습니다. 의지할 곳은 하나님밖에 없다는 것을 그는 너무도 잘 알고 있었습니다. 하나님은 감당할 수 없는 시험은 주지 않으신다고 그는 믿었습니다. 또 시련을 당할 때에는 피할 길도 함께 내어 주신다는 것을 믿었습니다.

"주여, 길을 보여주세요. 이 시련을 헤쳐 나갈 수 있는 길을 보여 주세요."

얼마나 오래 울면서 기도를 드렸을까요? 어느새 록펠러는 지쳐 쓰러져 잠이 들었습니다. 꿈속에서도 그는 험한 길을 가고 있었습니다. 험한 바위가 여기저기 솟아 있는 길은 무척 위험해 보였습니다. 그곳에서 도망치고 싶었지만 도무지 발이 떼어지지 않았습니다.

"여기서 나가야 해, 어서!"

그가 발버둥을 칠수록 다리는 굳어버린 채 말을 듣지 않았고 결국 땅바닥에 쓰러져 버리고 말았습니다. 그때였습니다. 어떤 큰 손이 다가와서 그를 일으켜 세우더니 그 길을 계속 걸을 수 있도록 도와주었습니다. 록펠러는 그 손의 도움을 받아 길을 끝까지 갈 수 있었습니다.

"누구?"

문득 잠에서 깬 록펠러는 주변을 돌아보았습니다. 여전히 어두운 탄광 안이었지만 꿈속에서의 든든하고 편안한 느낌이 그의 온몸을 감싸고 있었습니다. 주님이 도우시리라는 확신이 들기 시작했습니다. 그때 마음속에서 이런 음성이 들렸습니다.

"네가 갈 곳에 이미 이르렀다. 때가 되면 열매를 거둘 수 있다. 네가 있는 그곳을 더 깊이 파봐라."

자신의 마음속에서 들렸지만 자신의 소리는 분명 아니었습니다. 하나님이 하나님의 뜻을 록펠러의 가슴에 새겨 주신 것입니다. 록펠러는 벌떡 일어나 밖으로 나갔습니다. 이제는 화가 난 광부들도 겁나지 않았습니다. 그는 눈물범벅이 된 얼굴로 광부들에게 외쳤습니다.

"여러분, 나는 저 안에서 하나님께 간절한 기도를 드렸고 하나님의 목소리를 들었습니다. 한번만 더 파 봅시다."

"록펠러 사장이 제정신이 아니군. 미친 거 아니 야?"

이렇게 수군대는 사람도 있었습니다.

"제발 부탁입니다. 틀림없이 하나님은 우리를 버 리지 않으실 겁니다!"

몇몇 사람이 속는 셈 치고 한번 해보겠다며 록펠러 를 따라 들어가 록펠러가 가리키는 지점을 파기 시작 했습니다.

사람들은 '설마' 하는 심정으로 지켜보았습니다. 록펠러의 가슴도 두근거렸습니다. 땅을 파는 광부들 의 얼굴에 땀이 맺혔습니다.

"어어!"

계속해서 파내려 가던 한 광부가 갑자기 손을 멈춘

채 소리쳤습니다. 그 순간 땅에서 검은 물이 솟구쳐 올랐습니다. 록펠러 역시 놀란 눈으로 눈앞에 솟아오르는 검은 물을 바라보며 천천히 다가갔습니다. 검은 물이 그의 얼굴과 옷에 튀었지만 아랑곳하지 않고 검은 물에 손을 직접 대어 보았습니다. 미끄럽고 기름 냄새가 풍겼습니다. 손이 떨렸습니다. 그는 넋이 나간 사람처럼 중얼거렸습니다.

"이건 석, 석유가… 아닌가…."

석탄이 나오기를 기도하며 파내려갔는데 석유가 나온 것입니다. 석유는 석탄 따위와는 비교도 할 수 없는 귀한 것이었습니다. 록펠러는 하나님의 도우시는 손길을 체험하며 온몸이 떨렸습니다.

"석유다! 석유가 나왔다! 록펠러의 죽은 탄광에서 석유가 나왔어!"

한 광부가 소리치며 뛰어나가 밖에 있는 사람들에게 알렸습니다. 록펠러는 꼼짝도 하지 않고 서 있었습니다. 그는 선 채로 기도했습니다.

'주여, 이렇게 큰 선물을 저에게 주시다니. 절대로

주님을 부정하거나 배신하지 않겠습니다. 이 은혜를 평생 기억하며 살겠습니다. 아무리 부자가 되어도 절대로 주님 앞에서 교만하지 않겠습니다!'

그 후로 록펠러는 석유사업에만 매진했습니다. 다른 모든 사업은 접어두고 석유만 생각하고 석유만 팔고, 석유 이야기만 했습니다. 저녁이면 그의 옷과 장화는 온통 기름투성이였습니다. 석유사업, 그것이 하나님이 보여주신 그의 길이라 믿었기에 그는 앞도 뒤도 옆도 보지 않고 열심히 일했습니다.

죽을 고비를 넘기면서 깨달은
하나님의 뜻

존 록펠러의 석유사업은 승승장구
했습니다. 때마침 석유가 점점 더 중요한 20세기의
새로운 에너지원으로 떠올랐습니다. 석유는 힘이었
습니다. 록펠러는 누구도 생각지 못한 원대한 계획을
가지고 있었습니다.

"석유를 가지고 세계를 모두 제패하겠어."

그는 치밀한 전략을 세워서 하나씩 실천해갔습니
다. 존 록펠러의 '스탠더드 오일' 회사는 우선 클리블
랜드 지역의 모든 석유회사를 하나씩 사들이기 시작
하여 모두 차지하였습니다. 록펠러의 야망은 클리블
랜드를 차지한 것에서 그치지 않았습니다.

"여기서 만족할 수 없어. 미국의 모든 석유회사를
나의 회사로 만들 테다!"

돈에 관한 한 그는 냉정하고 치밀하며 목표만을 생
각하고 달려 나가는 전투사와 같았습니다. 남들보다

한발 먼저 앞을 내다보는 사업적 지혜는 아무도 따라올 수 없는 수준이었습니다. 하나의 회사를 사들일 때마다 그는 만족스러운 미소를 지으며 이렇게 말했습니다.

"우리 회사에 식구가 하나 더 생겼군!"

1882년 마흔 세 살이 된 그는 손에 넣은 기업들을 통합하여 '스탠더드 오일 트러스트' 회사를 탄생시켰습니다. 그것은 자본주의 역사상 처음으로 한 산업의 모든 분야를 독점하는 '트러스트(같은 업종의 기업끼리 손을 잡고 통합하는 것)'의 시작이었습니다. 존 록펠러의 스탠더드 오일 트러스트는 미국 전체의 석유산업을 독차지한 이후 유럽 시장까지 손을 뻗쳐 제1차 세계대전 후에는 유럽 석유회사의 대부분을 차지하게 되었습니다. 존 록펠러의 석유회사는 단순히 그의 회사가 아니라 미국이 가지는 힘의 상징이 되었습니다.

뜨거운 여름날 일자리를 구하기 위해 이곳저곳을 기웃거리던 열여섯 살 소년은 이제 없었습니다. 석유

John
Davison
Rockefeller

하나로 30대에 백만장자가 되고 40대에 미국 최고의 부자가 되고, 50대에 세계적인 억만장자 부호가 된 재벌 '존 록펠러'가 있을 뿐이었습니다.

그러나 그의 야망대로 세계를 제패했지만 생각지 못한 시련이 다가왔습니다. 부자가 될수록 그는 사람들의 미움을 받았습니다. 록펠러의 스탠더드 오일 트러스트가 모든 석유산업을 독차지하는 것을 사람들은 원치 않았습니다.

"록펠러가 모든 것을 차지하려 한다."

"록펠러 때문에 작은 회사들은 모두 망하게 생겼어."

또한 갑작스럽게 병이 찾아왔습니다. 50대의 록펠러는 하루가 다르게 말라가고 눈썹과 머리카락이 빠지고 있었습니다. 식사도 제대로 하지 못했습니다. 그는 머리카락이 빠진 것을 감추기 위해 가발을 써야 했습니다. 의사는 앞으로 1년밖에는 더 살 수 없다고 말했습니다. 하루에 100만 달러씩 벌어들이는 돈도 그의 건강을 회복시켜 주지는 못했습니다.

"주님, 어째서 이런 시련을 주시는 겁니까? 평생을 석유사업에 매진하다가 이제 겨우 목표를 이루었는데 제 생명을 거둬 가시려 하다니요. 주님의 뜻은 어디에 있습니까? 제가 무엇을 해야 하겠습니까?"

존 록펠러는 휠체어를 타고 검진 순서를 기다리며 병원 로비에 있었습니다. 나날이 병이 깊어져 그의 모습은 흉측하게 변해 있었습니다. 무심히 허공을 바라보던 그의 눈에 문득 벽에 걸린 액자 속의 글귀가 확 들어왔습니다.

"주는 자가 받는 자보다 복이 있나니."

주는 자가 받는 자보다 복이 있나니…그는 그 말을 중얼거려 보았습니다. 흔히 들어왔던 말인데 그날따라 가슴에 새겨졌습니다. 나름대로 가족을 아끼고 교회에도 봉사하고 살았다고 생각했는데 깊이 돌아보니 자신은 너무나 이기적인 삶을 살아온 것 같았습니다.

'눈을 떠봐. 이 욕심쟁이 부자 존 록펠러야. 귀를 기울여봐! 하나님이 뭐라고 말씀하시는지 들어보란 말이야. 헌금만 많이 한다고 주님이 원하는 종이 되

는 게 아니야. 더 많이 가진 부자로서 넌 도대체 다른 사람들을 위해 한 일이 뭐가 있지?'

이런저런 생각에 잠겨 있는데 주변이 시끄러워졌습니다. 돌아보니 병원 직원과 환자 가족이 싸우고 있었습니다.

"제발 우리 딸 좀 치료해 주세요. 죽어가고 있어요. 제발 부탁이에요!"

"안 됩니다! 병원비를 내지 않으면 입원시켜 줄 수 없어요.!"

병원비 때문에 딸을 치료할 수 없는 한 어머니가 울면서 매달리고 있었습니다. 문득 록펠러는 몇 해 전 돌아가신 어머니가 생각났습니다. 어머니는 돌아가실 때 아들에게 다음과 같은 열 가지 유언을 남기셨습니다.

1. 하나님을 친아버지 이상으로 섬겨라

2. 목사님을 하나님 다음으로 섬겨라

3. 주일 예배는 본 교회에서 드리고 교회에 충성하라

4. 예배시간에는 항상 앞에 앉아라

5. 십일조를 반드시 하고 남은 돈을 사용하라

6. 아무도 원수로 만들지 마라

7. 아침에 목표를 세우고 기도하라

8. 잠자리에 들기 전에 하루를 반성하고 기도하라

9. 아침에는 꼭 하나님 말씀을 읽어라

10. 그리고 남을 도울 수 있으면 힘껏 도와라!

록펠러는 비서에게 손짓을 해서 부르고는 이렇게 지시했습니다.

"조용히 가서 저 소녀의 병원비를 처리하도록 하게."

생면부지인 소녀의 병원비를 내게 한 것입니다. 얼마 후 록펠러는 소녀가 치료를 받고 기적적으로 회복되는 것을 목격하면서 자신이 가진 많은 돈을 앞으로 어떻게 써야 하는지 알게 되었습니다.

"주님, 당신의 뜻은 이것이었군요. 당신은 제가 돈만 많고 인색한 부자로 살기 원치 않으시는 겁니다.

그동안 너무 이기적으로만 살아온 저를 용서하세요. 주님, 한번만 내게 기회를 더 주신다면 제게 맡기신 이 재산을 선한 일에 쓰겠습니다! 주님 뜻에 맞게 돈을 쓸 수 있는 시간을 주세요!"

록펠러는 눈물을 흘리며 회개기도를 올렸습니다. 죽음에 대한 두려움은 그를 겸손하게 만들었습니다. 하나님은 시련을 통해 록펠러를 더욱 겸손하게 함으로써 새로 태어나게 하셨습니다. 그는 사업에서 손을 떼고 몇 달간 휴양을 하면서 휴식을 취했습니다. 놀랍게도 건강이 조금씩 회복되기 시작했습니다.

그는 마음속으로 하나님이 다시 주신 이 생명을 값있게 써야 한다고 다짐하고 또 다짐했습니다. 또한 석유사업에 대한 야망을 접고 스탠더드 오일 트러스트를 해체했습니다. 그러나 오히려 스탠더드 오일 계열사의 주식 가치가 폭등하는 바람에 록펠러는 더욱 부자가 되어갔습니다.

"내가 자선사업에 나선다고 하니까 사방에서 사람들이 나에게 몰려들고 있어요. 그러나 나는 도대체 어디서부터 어떻게 사람들을 도와야 하는지 잘 모르겠습니다. 즉흥적으로 불쌍해 보이는 사람에게 돈을 주는 게 바람직한 자선은 아니라고 생각합니다. 체계적인 자선을 통해 우리 사회에 자선사업의 기틀을 다지고 싶습니다."

존 록펠러다운 목표였습니다. 석유사업으로 세계 제패를 이룬 야심가는 이번에는 자선사업이라는 분야에 뛰어들어 세계 제패를 꿈꾸고 있었습니다.

"게이츠 목사님, 도와주십시오. 나는 제대로 자선사업의 한 획을 긋고 싶습니다. 하나님의 선한 뜻이 나를 통해 온 세상에 드러나도록 말입니다."

록펠러는 38세의 젊고 적극적인 게이츠 목사와 손

을 잡았습니다. 그리고 게이츠 목사의 제안대로 1901년 '록펠러 의학연구소'를 설립했습니다. 자신의 개인 재산 6천1백만 달러를 가지고 말입니다. 록펠러 의학연구소는 전염병으로 죽어가는 전 세계 어린이들을 구하는 일을 많이 했습니다. 또한 록펠러는 1913년 록펠러재단을 설립하여 전 세계의 굶어죽는 사람들을 구하는 일에 발 벗고 나섰습니다. 또한 평생에 걸쳐 4,900여 개의 교회를 세우기도 했습니다. 세계 자선사업 역사의 본격적인 첫 장을 여는 록펠러 재단을 설립한 후 록펠러는 이렇게 말했습니다.

"돈 버는 재능은 하나님께서 내게 주신 선물 중의 선물입니다. 이런 선물을 받은 나는 원 없이 돈을 많이 벌어 보았지요. 이제 나는 하나님의 뜻에 따라 사람들에게 도움이 되도록 이 돈을 쓸 것입니다. 그것이 하나님이 내게 내린 사명이라고 믿기 때문입니다!"

록펠러가 90세가 넘는 노인이 되었을 무렵, 미국은 심각한 경제적 공황에 빠져 있었습니다. 록펠러는 미국의 대표적인 기업가로서 사람들에게 희망을 전

하고 싶었습니다. 그래서 그는 거리를 오갈 때마다 행운의 동전을 나눠주기 시작했습니다. 은행에서 방금 꺼내 온 반짝반짝 빛나는 은화였습니다. 5센트, 10센트짜리 동전을 나눠줄 때마다 이렇게 말하곤 했습니다.

"주께서 당신을 축복하시기를!"

또 빌립보서 4장 19절 말씀을 전하기도 했습니다.

"나의 하나님이 그리스도 예수 안에서 영광 가운데 그 풍성한 대로 너희 모든 쓸 것을 채우시리라. 주님은 이렇게 말씀하셨습니다."

사람들이 모여들어 서로 록펠러의 동전을 받으려고 난리였습니다. 돈벌이 천재 록펠러의 동전이 행운을 전해줄 것만 같았기 때문입니다. 사람들은 록펠러와 함께 사진을 찍기도 했습니다. 록펠러는 3만 개가 넘는 동전을 뿌렸고 때로는 자신이 쓴 시를 복사해서 나눠주기도 했습니다. 거기에는 이렇게 쓰여 있었습니다.

"하나님께서 매일 나와 함께 하셨다오…"

옷을 기워서 입어야 했던 어린 시절에도, 부당한 월급을 받으면서도 불평하지 않고 열심히 일하던 청년시절에도, 탄광에 갇혀 울부짖던 순간에도, 죽을병에 걸려 자신의 지난 이기적인 삶을 회개할 때도, 주님의 뜻에 따라 자선사업에 헌신할 때도 하나님은 록펠러와 함께 계셨습니다. 그가 잘못을 저지를 때는 그가 돌아오기를 기다리셨고, 그가 회개할 때는 따뜻하게 일으켜 주셨습니다. 완벽한 사람만이 하나님의 사랑을 받을 수 있다면 우리 중 그 누구도 주님의 은혜를 입을 수 없을 것입니다.

1937년 5월 23일 새벽, 존 록펠러는 심장마비를 일으켜 98세의 나이로 세상을 떠났습니다. 당시로서는 100세 가까이 살기란 참 드문 일이었습니다. 50대에 죽을 위기를 맞았지만 하나님은 그에게 새로운 삶을 허락하셨고, 50년 가까이 더 살면서 자선사업을 일구도록 이끄셨습니다. 그가 죽은 후에는 아들 록펠러 2세가 아버지의 자선사업을 이어받아 헌신함으로써 명문 록펠러 가문을 만들어갔습니다.

모세, 하나님으로부터 십일조 계명을 받다
십분의 일은 여호와의 것이니...
이는 여호와의 계명이니라

"그 땅의 십분의 일, 곧 그 땅의 곡식이나 나무의 열매는
그 십분의 일은 여호와의 것이니 여호와의 성물이라. 이
것은 여호와께서 시내산에서 이스라엘 자손을 위하여
모세에게 명령하신 계명이니라."

(레위기 27 : 30, 34)

. . .

하나님의 계명으로 받은 십일조 신앙
아브라함에서 시작되어 야곱을 거쳐 이어지던 십일
조는 모세 때에 이르러 성문화된 율법이 되었습니다.

모세는 시내산에서 십계명을 받을 때에 십일조에 대한 계명도 함께 받았습니다. 이후부터 이스라엘민족은 십일조를 하나님이 주신 율법으로 더욱 철저히 지켜나갔습니다. 모세 율법은 다양한 십일조의 쓰임에 대해 다음과 같은 의미를 담고 있습니다.

내가 이스라엘의 십일조를 레위 자손에게 기업으로 다 주어서 그들이 하는 일 곧 회막에서 하는 일을 갚나니.

(민수기 18 : 21)

첫째, 십일조는 레위 지파가 하나님의 일에 전념할 수 있도록 돕는 것이었습니다. 이스라엘 12지파 중 레위지파(오늘날의 성직자)는 다른 지파들이 땅의 기업을 받을 때에 아무것도 받지 못했습니다. 즉 생업을 얻지 못한 것입니다. 하나님은 레위지파가 다른 일은 하지 말고 하나님 일에만 전념하도록 하셨습니다. 또 레위지파가 다른 지파들이 내는 십일조를 통해 생계를 해결하도록 명령하셨습니다. 그리고 레위지파는 다른 지파들이 내는 십일조를 받아 그 중의 십분의 일을 다시 떼어서 자신들의 십일조를 하나님께 바쳤습니다. 즉 '십일조의 십일조(a tenth of that tithe)'를 바침으로써 백성들에게 본을 보이고 하나님께 영광을 돌렸습니다. 오늘날 일반 성도들의 십일조를 통해 성직자들의 수입이 되게 하고 성직자들은 그 수입 중에서 다시 십분의 일을 떼어 십일조를 하는 것은 구약 때부터 하나님이 정해 놓으신 바에 따른 것입니다.

너는 마땅히 매년 토지 소산의 십일조를 드릴 것이며네 하나님 여호와 앞 곧 여호와께서 그의 이름을 두시려고 택하신 곳에서 네 곡식과 포도주와 기름의 십일조를 먹으며 또 네 소와 양의 처음 난 것을 먹고 네 하나님 여호와 경외하기를 항상 배울 것이니라. (신명기 14: 22~23)

둘째, 십일조는 교회의 절기 경비를 담당케 하기 위한 것이었습니다. 유대인들은 절기 때마다 예루살렘에 모였는데 십일조를 내어서 그 절기 축제에 참가하는 비용으로 충당하였습니다. 그때 그 가족이 레위인들과 함께 먹을 것을 권면하셨습니다.

매 삼년 끝에 그해 소산의 십분의 일을 다 내어 네 성읍에 저축하여 너희 중에 분깃이나 기업이 없는 레위인과 네 성중에 거류하는 객 및 고아와 과부들이 와서 먹고 배부르게 하라. 그리하면 네 하나님 여호와께서 네 손으로 하는 범사에 네게 복을 주시리라.

(신명기 14 : 28 ~ 29)

셋째, 십일조는 어려운 사람들을 구제하는 데 사용되었습니다. 3년에 한 번씩 구제 십일조를 함으로써 가난한 사람들을 구제하는 데 힘썼습니다.

여호와를 경외하는 마음으로 드려야

십일조는 하나님을 섬기는 레위지파를 부양하고, 예배의 경비를 충당하고, 하나님을 대신하여 고아와 과부 등 불쌍한 사람들을 구제하는 데 쓰였습니다.

성경이 말하고 있는 십일조의 쓰임새는 모두가 하나님의 일이었습니다. 그렇기 때문에 십일조를 열심히 내는 것은 하나님의 일을 열심히 돕는 것과 마찬가지입니다. 그래서 하나님은 십일조를 열심히 내면 하나님의 일을 위해 더 많은 십일조를 낼 수 있도록 애쓰는 이의 소득을 더 풍성하게 해주십니다.

그런데 신명기 14장 23절의 말씀에 나와 있는 것처럼 정직한 십일조 생활에서 가장 중요한 것은 "네 하나님 여호와 경외하기를 항상 배우는 것"입니다. 모든 것이 하나님으로부터 온 것을 인정하고 믿음으로

십일조를 드리는 자세가 바로 여호와를 경외하는 것
이라 하겠습니다.

여호와를 경외하는 마음으로 정직한 십일조 생활을
할 때 하나님께서는 신명기 14장 29절의 말씀처럼
"네 손으로 하는 범사에 복을 주시리라."고 약속하셨
습니다.

절 망 을
희 망 으 로
바 꾸 는
십일조의 힘

—Albert Alexander Hyde

알버트 알렉산더 하이드

Albert Alexander Hyde, 1848 ~ 1935

세계적으로 유명한 의약품 멘소래담의 개발가이
자 기업인. 경제 위기가 닥쳤을 때 운영하던 서점 문을 닫고 파
산의 위기에 처했으나 제약회사 멘소래담을 세우고 멘소래담
로션을 개발하여 재기에 성공했다. 또한 멘소래담으로 해외
선교사업을 후원하였는데, 이는 제품을 세계로 알리는 기회
가 되었다.

부도의 위기에 처했는데도 집을 팔아 십일조를 함으로써 신
앙을 바로잡고 기업을 일으켜 세워 성공한 것으로 더욱 유명
하다.

"사람에게 진 빚보다 하나님에게 진 빚이 먼저입니다. 사람이 어떻게 하나님의 것을 도적질 할 수 있겠습니까? 십일조는 해도 되고 안 해도 되는 선택사항이 아니라, 하나님의 분명한 명령이자 아름다운 축복의 약속입니다. 우리가 명령에 넘치도록 순종할 때 하나님께서도 분명히 넘치도록 우리를 축복해 주실 것입니다! "

— 알버트 알렉산더 하이드

사업이 망해도 하나님에게 진 빚부터 갚겠다!

믿음 생활을 하는 사람도 큰 위기나 어려움을 만나면 마음이 흔들리기 쉽습니다. 아니 오히려 믿음 생활을 하는 사람일수록 위기 앞에서 더 많이 흔들릴 수도 있습니다. 왜냐하면 그동안 자신이 "하나님을 경외하며 믿음생활을 해 왔는데 왜 이런 시련을 주시나?" 하는 인간적인 원망의 마음이 생길 수 있기 때문입니다. 그러나 정말 신앙의 힘을 붙잡아야 할 때는 바로 위기의 순간입니다. 그때야말로 인간을 초월한 지혜가 절대적으로 필요하기 때문입니다.

미국의 재벌 기업가였던 알버트 알렉산더 하이드 역시 자신에게 닥친 시련을 신앙의 힘으로 이기고 더 많은 축복을 받은 경우였습니다. 그는 원래 재벌이나 부자가 아니라 서점을 운영하는 사람이었습니다. 일요일이면 교회로 나가 예배를 드리는 크리스천이긴 했지만 그의 믿음은 그리 신실한 편이 아니었습니다.

1878년, 그는 큰 위기를 맞이했습니다. 미국 전체에 심각한 경제공황이 닥쳤고 많은 사람들이 일자리를 잃었고 회사가 문을 닫을 위기에 처했습니다. 그의 서점 또한 날이 갈수록 상황이 안 좋아졌습니다.

"경기가 이렇게 안 좋은데 누가 책을 보나. 당장 먹고 살 길도 막막한데 말이야."

서점 경기가 나빠질수록 하이드는 한숨만 늘어갔습니다. 식구들을 먹여 살릴 길이 점점 막막했으니까요. 결국 10만 달러의 빚만 지고 서점은 문을 닫아야 했습니다. 하이드는 가슴이 타들어갔습니다. 하루하루 빚쟁이들에게 시달리며 앞으로 어떻게 살아야 할지 앞이 보이지 않았습니다.

'도대체 어디서부터 잘못된 것인가. 서점 운영을 잘해보려고 열심히 노력했는데, 이런 경제 공황을 만나 속절없이 무너져 버리다니……. 식구들은 또 어떻게 먹여 살린단 말인가.'

127

그의 눈에 9명이나 되는 자녀들의 얼굴이 어른거렸습니다. 자식들만 생각하면 가슴이 무너져 내리는 것만 같았습니다. 못난 아버지라고 자신을 책망했습니다. 그는 슬픈 가슴을 안고 교회로 가서 하나님 앞에 무릎을 꿇고 기도하기 시작했습니다. 돌아보니 언제부터인가 형식적인 예배만 드리고 가슴으로 예배를 드린 적이 없었던 것 같았습니다. 무릎을 꿇고 하나님 앞에 이토록 피 토하듯 간절하게 기도한 적이 언제였는지 기억조차 가물가물했습니다. 서점을 운영하는 사업가랍시고 바쁘다는 핑계로 교회 일도 멀리하기 일쑤였고 언제부터인가 십일조조차 제대로 내지 못했습니다. 상황이 계속 나빠져 왔었으니까요.

'인생의 모든 생사화복이 하나님 손에 있다면 지금 내가 겪는 시련과 어려움도 하나님과 무관하지 않다. 단순히 경제 공황 때문에 부도가 난 게 아니라 하나님이 내게 무언가를 말씀하고 계시는 것이 아닐까?'

기도할 수록 그의 머리는 맑아지고 생각이 깊어졌습니다. 비록 여전히 생활고에 시달리고 쫓기는 상황이었지만 마음은 한결 편해졌습니다. 그는 지나간 일들을 죽 돌아보았습니다. 특히 예전에 하나님 앞에 YMCA에 기부금을 내겠다고 서원기도를 해놓고 까맣게 잊은 사람인 양 지키지 않았다는 사실을 깨달았습니다. 믿음이 무뎌져 있을 때는 별일 아니라고 생각했는데 하나님 앞에 벌거벗고 기도하다보니 하나님께 한 약속을 지키지 않는 게 얼마나 큰 죄인지 분명하게 깨닫게 되었습니다. 어쩌면 자신이 약속한 헌금을 지키지 않자 하나님이 직접 그것을 찾아가려고 하시는지도 모르겠다는 생각이 들었습니다. 그는 다음과 같은 하나님 말씀을 붙잡았습니다.

네 하나님 여호와께 서원하거든 갚기를 더디 하지 말라. 네 하나님 여호와께서 반드시 그것을 네게 요구하시리니 더디면 네게 죄가 될 것이라.

(신명기 23:21)

그의 입술에서는 회개 기도가 터져 나왔습니다.

'주님, 그동안 불성실했던 저를 용서해 주세요. 제 마음이 하나님 안에 있지 못하고 세상의 바쁜 생활 가운데 빠져 있었던 게 사실입니다. 고백하오니 제 죄를 용서해 주세요. 저의 모든 게 주님의 것인데 마치 제 것인 양 착각하면서 교만했습니다. 저는 주님의 십일조를 도둑질하고 주님께 약속드린 헌금도 하지 않았습니다. 회개하고 주께로 가오니 저를 받아주소서!'

그는 하나님 앞에 바로 설 것을 결단하고 집을 팔아서라도 YMCA 기부금을 마련하여 하나님과의 약속을 지키겠다고 작정했습니다.

"하이드가 드디어 미쳤군. 가족들과 함께 길바닥에 나앉을 모양인가 봐."

"갚아야 할 빚도 많은 주제에 한가하게 기부금을 낼 정신이 어디 있나. 사업하는 사람으로서 최소한의 책임도 도외시하는 행동이야."

"빚부터 갚아라. 당신의 행동은 너무 위선적이고 이기적이다!"

모든 사람이 그의 행동을 비난했습니다. 그러나 이미 결심이 선 하이드는 흔들리지 않고 자신을 비난하고 만류하는 사람들에게 이렇게 말했습니다.

"나는 지금 도적질 한 것을 먼저 상환하려는 것입니다. 나는 사업이 망하기 전에 십일조를 무수히 훔쳤습니다. 훔친 하나님의 것부터 되돌려 드리는 것이 사람들에게 진 빚을 갚는 것보다 더 중요하고 절실합니다!"

그는 모든 것을 잃었지만 하나님 앞에 반듯한 신앙으로 다시 서는 길을 선택했습니다. 십일조는 나의 것을 하나님께 드리는 기부가 아니라 원래 하나님의 것을 하나님에게 돌려드리는 것이라는 사실을 깨달은 것입니다.

Albert
Alexander
Hyde

계속해서 기도하던 하이드는 1889년 약사인 친구 한 명과 함께 미국 뉴욕주에 의약품 제조회사인 '멘소래담'을 세웠습니다. 모든 것이 불확실했지만 하이드는 하나님이 언젠가 자신의 사업에 역사해 주시리라는 것을 확신했습니다.

회사를 세운 지 4년. 약사 친구와 함께 새로운 제품을 개발하기 위해 피땀을 흘린 끝에 하이드는 '멘소래담 연고'라는 제품을 개발해 냈습니다. 피부 통증, 가려움증, 동창 치료 등에 효과가 있는 멘소래담 연고는 삽시간에 미국 전역에 퍼져 나갔습니다.

"사장님, 신제품 주문이 밀려들어오고 있습니다."

"대박이에요, 대박!"

수년 동안 생활고와 마음고생에 시달렸고 밤을 새며 제품 연구를 하느라고 지칠대로 지친 몸의 피곤도 일순간에 사라졌습니다. 하이드는 기도에 응답하시어 자신의 사업에 깊이 개입하기 시작한 하나님의 손길을 느끼며 온몸에 소름이 쫙 끼쳤습니다. 살아계신 하나님을 몸으로 느낀 그의 십일조는 더욱 철저해졌습니다. 수입이 늘어나서 두 배가 되자 십분의 일이 아니라 십분의 이조를 하나님께 드렸습니다. 사업은 더욱 번창해 나갔고 그의 십일조 또한 십분의 이조에서 십분의 삼조, 십분의 사조, 그리고 십분의 구조까지 늘어갔습니다.

"십일조는 해도 되고 안 해도 되는 선택사항이 아니라, 하나님의 분명한 명령이다. 우리가 명령에 넘치도록 순종할 때 하나님께서도 분명히 우리를 축복해 주신다!"

그는 더욱 확고히 믿음을 세워나갔습니다.

"나의 사업을 통해 하나님의 일에 도움이 되도록 해야겠다. 선교사들에게 우리 제품을 무상으로 지원하자!"

하이드는 세계 각지에 나가는 선교사업을 돕기 위해 멘소래담 연고를 무상으로 지원하기 시작했습니다. 그런데 그 일은 오히려 멘소래담 연고를 세계 각지에 알리는 데 결정적인 역할을 했습니다. 세계 각지에서 멘소래담을 찾게 됨으로써 멘소래담 회사가 미국뿐 아니라 세계적인 회사로 발돋움 하는 직접적인 계기가 되었습니다. 한국에는 하이드가 세상을 떠난 후인 1950년 육이오 전쟁 후 선교사들이 처음 멘소래담을 보급하면서 알려졌고 모든 가정에 하나씩 갖고 있는 상비약이 되었습니다.

1935년 하이드는 죽기 전에 회사의 모든 지분을 교회에 기부하였으나 그의 사업과 정신을 잇고자 하는 4명의 아들들이 회사를 다시 인수하여 가업을 계속 이어나갔습니다. 멘소래담 제품은 중국, 일본에 이어 인도에서도 성공적으로 팔리게 되었고, 점차 아시아 지역의 수요가 확대됨에 따라 중국 상하이에 공장을 설립하였습니다. 지금은 세계 150개국에서 100여 개 이상의 브랜드 제품을 판매하고 있는 다국적 기업이며 120년이 넘는 역사를 자랑하는 글로벌 기업으로 성장하였습니다.

뱅겔이라는 신학자는 이렇게 말했습니다.

"하나님만 두려워하는 사람은 하나님 아닌 것에 대해서는 아무것도 두려워하지 않는다. 그러나 하나님을 두려워하지 않는 사람은 하나님 외의 모든 것을 두려워한다."

알버트 알렉산더 하이드는 부도의 위기를 만났을 때 하나님을 두려워 할 줄 알았고 자신의 잘못을 돌아보고 회개하였습니다. 그런 철저한 회개 기도를 통해 하나님의 것을 도적질한 십일조를 집을 팔아서라도 다시 갚아드리고 반듯한 신앙으로 다시 섬으로써 축복의 하늘 문을 열 수 있었던 것입니다.

Albert
Alexander
Hyde

히스기야 왕, 십일조 개혁으로 백성을 저주에서 구하다 백성을 명하여 여호와의 율법을 힘쓰게 하라...

"왕의 명령이 내리자 곧 이스라엘 자손이 곡식과 포도주와 기름과 꿀과 밭의 모든 소산의 첫 열매들을 풍성히 드렸고 또 모든 것의 십일조를 많이 가져왔으며 유다 여러 성읍에 사는 이스라엘과 유다 자손들도 소와 양의 십일조를 가져왔고 또 그들의 하나님 여호와께 구별하여 드릴 성물의 십일조를 가져왔으며 그것을 쌓아 여러 더미를 이루었는데…"

(역대하 31 : 5 ~ 6)

십일조를 돌이켜 믿음을 돌이키고

히스기야는 말년에 병에 걸렸을 때 기도함으로써 하나님의 은혜로 살아난 이야기로 우리에게 잘 알려진 인물입니다. 하나님은 해를 뒤로 가게 하는 이적을 히스기야에게 보여주시면서 15년을 더 살게 해주셨습니다. 히스기야는 죽음을 예고하신 하나님의 뜻을 믿음의 기도로 돌이킨 것입니다. 그는 선지자 이사야가 활동하던 시대의 왕으로서 종교개혁을 통해 백성들의 믿음을 되살린 개혁자였습니다. 그리고 그가 추진한 종교개혁의 중심에는 십일조가 있었습니다.

모세가 시내산에서 십계명과 십일조 계명을 받은 이후부터 이스라엘 사람들은 십일조 생활을 더욱 철저히 지켰습니다. 그러나 모세가 죽고 가나안 땅에 정착한 후 시간이 흐르자 점점 하나님을 경외하는 마음을 잊어버렸습니다. 우상 숭배가 다시 판을 치기 시작하고 하나님께 바치는 십일조 또한 소홀히 하게 되었습니다. 이에 히스기야 왕은 개혁을 추진하게 된 것입니다.

사람들아 내 말을 들어라. 이제 너희는 성결하게 하고 너
희 조상들의 하나님 여호와의 전을 성결하게 하여 그 더
러운 것을 성소에서 없애라!

(역대하 29:5)

히스기야 왕은 나라의 우상을 쳐부수고 하나님의 절
기들을 모두 되살려 지키게 했습니다. 또 레위지파가
하나님의 일에 전념할 수 있도록 십일조를 철저히 지
키도록 명령하고, 성전 내에 십일조를 관리하는 방을
따로 마련하도록 했습니다.

그가 온 유다에 이와 같은 개혁을 추진해 나가자 백
성들은 저마다 자신의 믿음을 돌이켜 회개하고 절기
와 계명을 다시 철저히 지키며 십일조 생활을 회복하
기 시작하였습니다. 즉 하나님께서 만유의 주요, 만
복의 근원이라는 믿음을 회복한 것입니다.

십일조의 믿음이 회복되자 레위지파 역시 온전한 마
음으로 돌아가 성전의 일에 전념할 수 있었습니다.

온 나라가 회개하고 믿음을 돌이켜 하나님 앞에 다시
나오게 된 것입니다.

십일조가 살아나면 축복도 살아난다

백성들이 바친 십일조가 산처럼 쌓이자 히스기야가
백성들을 축복하며 십일조 더미들에 대해 레위지파
에게 물었습니다. 대제사장 이사랴가 왕에게 대답했
습니다.

백성이 예물을 여호와의 전에 드리기 시작함으로부터
우리가 만족하게 먹었으나 남은 것이 많으니, 이는 여호
와께서 그의 백성에게 복을 주셨음이라 그 남은 것이 이
렇게 많이 쌓였나이다.

(역대하 31:10)

히스기야가 온 유다에 행한 개혁의 노력은 하나님이
보시기에 선하고 정의롭고 진실한 것이었습니다. 이

에 하나님은 히스기야의 시대를 형통하도록 하셨던 것입니다.

역대하 31장 21절에는 당시 상황에 대하여 "그가 행하는 모든 일 곧 하나님의 전에 수종을 드는 일에나 율법에나 계명에나 그의 하나님을 찾고 한 마음으로 행하여 형통하였더라."고 기록하고 있습니다.

히스기야 왕은 십일조를 철저히 지키도록 명령하는 등 종교개혁을 추진하였고, 백성들이 왕의 명에 따라 십일조를 다시 시작했을 때 하나님의 진노가 멀어지고 큰 축복이 임했습니다. 백성들이 날로 더 많은 십일조를 바쳤으나 생활은 더 풍족해졌습니다.

십일조는 단순히 물질을 바치는 것이 아니라 신앙의 고백입니다. 물질보다도 하나님을 우선으로 섬긴다는 신념의 표현입니다. 따라서 십일조는 자신의 믿음 상태를 점검할 수 있는 섬세한 바로미터가 됩니다. 믿음이 살아 있을 때 십일조가 살아 있고, 십일조가 살아 있을 때 하나님의 축복 또한 살아 있습니다.

만약 십일조 생활이 죽어 있다면 자신의 믿음 상태를 되돌아보고 히스기야 시대의 백성들이 돌이킨 것처럼 올바른 자리로 자신의 믿음을 되돌려야 할 것입니다.

하 나 님 이
보여주시는
꿈의 비전을
따 라

—Conrad Nicholson Hilton

콘래드 니콜슨 힐튼

Conrad Nicholson Hilton 1887 ~ 1979

미국의 기업가, 세계적인 기업 힐튼그룹의 창업
자. 1919년 텍사스주 시스코에서 모블리호텔(Mobley Hotel)
을 사들임으로써 호텔사업을 시작하였다. 미국의 경제공황으
로 1931년 파산 지경에 이르렀으나 윌리엄 L. 무디 2세
(William L. Moody, Jr.)를 비롯한 여러 투자자들의 도움으로
회복하였다. 그 후 사업을 세계로 더욱 확장해 나가 세계의 호
텔왕이 되었다.

젊은 시절 그는 작은 호텔에서 일하는 벨보이에 불과했으나 하
나님이 주시는 꿈의 비전을 따라 오랜 세월에 걸친 시련을 이
겨내어 마침내 꿈을 이룰 수 있었던 것이다.

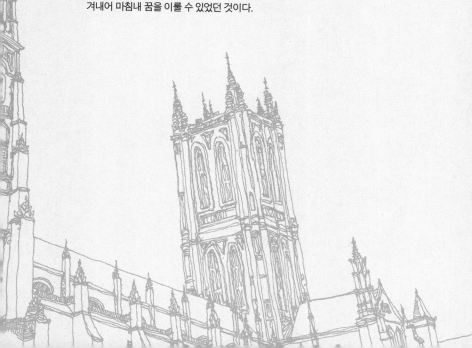

"성공한 후에도 시련은 끊임없이 찾아왔습니다. 그때마다 나는 어머니가 가르쳐 주신 대로 더 많은 기도를 드렸습니다. 매일 아침 6시 반에 교회로 찾아가 기도를 드렸습니다. 아무리 밤늦게까지 일을 했다고 해도 다음날 아침이면 무릎을 꿇고 기도를 드린 다음 출근했습니다. 기도를 하지 않고서는 하루 일을 시작할 수 없었습니다. 기도는 어머니가 가르쳐 주신 첫 번째 성공 열쇠였습니다."

— 콘래드 니콜슨 힐튼

어머니가 가르쳐 준 '기도'

힐튼호텔이라 하면 누구나 한번쯤 들어본 적이 있을 정도로 세계적으로 유명한 호텔입니다. 그 유명한 힐튼호텔의 창업주인 '콘래드 힐튼'은 기독교인이었습니다. 그는 수없이 많은 어려움과 파산의 위기를 넘어서 꽤 뒤늦게 성공할 수 있었지만 한 번도 자신의 꿈이 실패로 끝나리라고 생각하지 않았습니다. 그는 하나님이 보여주시는 비전을 바라보고 그것에 매달렸습니다. 하나님이 자신을 고아처럼 내버려 두지 않고 언젠가는 크고 높은 꿈을 이루게 해주시리라 믿었기에 시련 속에서도 성공을 확신할 수 있었던 것입니다. 그리고 믿음대로 그는 세계의 호텔왕이 되었습니다.

콘래드 힐튼은 1887년 크리스마스 날에 태어났습니다. 어려운 가정환경에서 자랐지만 억척스럽게 일하는 아버지에게서 사업가적 기질을, 신앙심이 깊은 어머니로부터 기도생활을 배웠습니다. 아버지는 어릴 때부터 아들에게 청소나 가게 일을 거들게 하면서 품삯을 주곤 했습니다. 아버지는 자식이라도 해도 자신의 일에 대해 책임을 다해야 정당한 대가를 받을 수 있다는 것을 가르쳤습니다. 하루는 늦잠을 자는 힐튼을 깨우며 아버지가 화를 내셨습니다.

"코니, 일어나라. 일하지 않으면 먹지도 말아야 한다는 거 알고 있지? 어서 일하러 나가자."

"네."

코니는 집에서 부르던 콘래드 힐튼의 애칭이었습니다. 아버지의 불호령에 힐튼은 벌떡 일어나서 옷을 챙겨 입고 아버지를 따라 나설 채비를 했습니다.

"자, 출발하자!"

이렇게 아버지가 앞장서면 어김없이 어머니의 목소리가 들리곤 했습니다.

"여보, 아무리 급해도 아침 기도는 하고 나가세요."

어머니는 신앙심이 깊은 여자였습니다. 아버지는

평생 어머니의 신앙생활을 지켜주겠다고 철저하게 약속을 하고나서야 어머니의 집안으로부터 결혼을 승낙 받았을 정도였습니다. 신앙심이 깊은 어머니는 늘 아이들에게 십일조와 기도생활을 강조했습니다.

"코니, 하나님은 자기를 믿는 사람을 내버려 두지 않고 끝까지 보호해 주신단다. 우리는 언제나 하나님이 우리 인생의 주인이라는 사실을 고백할 수 있어야 해. 그렇기 때문에 늘 기도해야 한단다. 기도하면 모든 게 이루어질 수 있지. 하나님은 구하는 자에게 주신다고 하셨단다."

콘래드 힐튼이 아홉 살 때였습니다. 학교에서 돌아와 보니 집에서 기르는 말 치키타가 죽어 있었습니다. 치키타는 너무 나이가 들어 죽은 거였지만 어린 소년은 왜 자기가 사랑하는 말이 죽어야 하는지 받아들일 수가 없었습니다.

"엄마, 왜 치키타가 죽어야 해요? 하나님은 왜 치키타가 죽도록 내버려 두시는 거예요?"

힐튼은 아무리 어머니가 달래도 계속해서 치키타

가 왜 죽어야 하느냐며 울기만 했습니다. 어머니는 이윽고 이렇게 말했습니다.

"코니, 교회로 가거라. 가서 기도를 드리렴. 너의 슬픔을 하나님께 다 말씀드려. 그리고 네가 알고 싶은 것도 모두 하나님께 물어 보아라. 엄마가 대답해 줄 수 없는 것도 하나님은 너에게 대답해 주실 거야."

힐튼은 울면서 교회로 갔습니다. 그리고 아무도 없는 예배당에서 기도를 드렸습니다. 처음에는 마음이 무척 흥분되어 있었지만 기도를 드리면서 점차 차분해졌습니다. 그리고 늙은 말 치키타와의 이별을 받아들이게 되었습니다. 다 알 수는 없지만 살아간다는 것은 그렇게 하나님의 뜻 안에서 이어지는 것임을 어렴풋이 알 것도 같았습니다.

콘래드 힐튼, 그는 나중에 어른이 되어서도 치키타가 죽었을 때 어머니가 해준 말을 잊지 않았습니다.

"교회로 가라. 가서 기도를 드려라. 하나님이 응답해 주실 거야. 기도는 사람이 할 수 있는 최고의 투자라는 것을 잊지 마라."

149

Conrad
Nicholson
Hilton

자신의 진로 때문에 고민할 때도, 빚 때문에 절망에 빠졌을 때도, 사업이 망할 위기에 처했을 때도, 그는 교회로 갔습니다. 그리고 하나님께 매달렸습니다.

"하나님, 제 길은 어디에 있습니까? 제가 어떻게 해야 할까요? 저를 고아처럼 내버려 두지 마시고 하나님의 강한 팔로 붙들어 주세요. 하나님의 뜻을 알려 주세요. 하나님께서 저에 대해 갖고 계신 꿈을 보여주세요. 그 꿈의 비전을 보고 따라갈 수 있도록!"

큰 배를 띄우려면 물이 깊은 곳을 찾아라

콘래드 힐튼은 아버지의 가게에서 장사를 배웠습니다. 아버지의 가게는 나름대로 자리를 잡아서 한때는 꽤 잘 돌아가기도 했습니다. 그런데 1907년 미국 전체에 경제 위기가 닥치고 모든 은행이 문을 닫았습니다. 힐튼 아버지의 가게도 문을 닫아야 할 정도로 타격을 입었습니다. 그러나 아버지는 의지가 강한 사람이었습니다.

"가게는 망했지만 우리 집에는 아직 네 가지 재산이 남아 있다. 첫째, 가게 창고에 쌓인 팔지 못한 채 남아 있는 물건들이다. 둘째, 가족들의 일손이 있다. 셋째, 우리에게는 집이 있다. 넷째, 너희 엄마의 요리 솜씨는 이 지방 사람들이 다 알아줄 정도로 뛰어나다. 그렇다면 우리가 무엇을 해서 먹고 살 수 있겠느냐?"

"......"

"우리에게 남아 있는 네 가지를 합해서 숙박업을 하면 어떨까 한다."

"숙박업이라고요?"

가족들이 깜짝 놀라서 되물었습니다.

"가족들이 모두 나서서 힘을 모으면 틀림없이 이 경제 위기를 극복해 나갈 수 있을 거다."

151

청년이 된 힐튼의 가족들은 모든 방을 손님들에게 내주고 새우잠을 자면서 함께 숙박업 일을 해나갔습니다. 아버지의 이름을 따서 '거스 힐튼 호텔'이라고 간판을 내걸긴 했지만 호텔이라기보다는 작은 여관 수준이었습니다. 아버지가 호텔 사장이었고 어머니는 호텔 주방장으로 요리를 했고, 20세의 콘래드 힐튼은 손님들의 짐을 들고 안내해 주는 벨보이로 일했습니다. 그러나 힐튼은 이때 일을 경험삼아 훗날 호텔사업에 뛰어들게 됩니다.

어쩌면 그 모든 것도 하나님의 계획 가운데 있었던 것이겠지요. 믿는 자에게는 우연이 없으니까요. 하나님은 콘래드 힐튼이 호텔 왕을 꿈꾸게 될 것을 미리 아시고 힐튼이 자신의 꿈이 무엇인지 발견하기도 전부터 그를 호텔 왕의 길로 인도하고 계셨던 것입니다.

힐튼은 학교를 마치고 은행사업에 손을 댔다가 1차 세계대전이 일어나자 은행을 팔고 군대에 갔습니다. 복무중에 갑작스런 사고로 아버지가 사망하자 힐

튼은 제대하고 귀국했지만 마땅한 일을 찾지 못해 절
망에 빠지기도 했습니다. 진로에 대해서 방황하는 서
른이 넘은 아들에게 어머니는 "큰 배를 띄우려면 물
이 깊은 데로 가야 한다."고 말해 주었습니다.

"하나님, 저의 꿈을 발견하게 해주세요. 저의 달란
트에 맞는 일은 무엇일까요?"

그는 자신만의 재능과 열정을 바칠 일이 무엇일까
고민하며 기도했습니다. 하나님은 군대에 다녀온 후
무엇을 할까 고민하던 힐튼의 발걸음을 텍사스로 이
끄셨습니다. 힐튼은 예전에 친하게 지냈던 한 노인으
로부터 이런 말을 듣게 되었습니다.

"힐튼 씨, 텍사스로 가시오. 그러면 당신은 부자가
될 수 있을 것이오."

"텍사스라구요?"

"그래요. 거기서는 지금 석유가 콸콸 쏟아져 나오
고 있소."

"저는 석유에 대해서는 아는 게 하나도 없습니다."

"상관없소. 그러나 가서 보면 알 수 있을 것이오.

153

석유가 나오는 곳에는 석유뿐만 아니라 돈, 사업, 건물, 상점, 은행, 호텔 등 뭐든지 몰려들게 마련이오. 그곳에 가면 당신이 무엇을 해야 할지 새로운 기회를 발견할 수 있을 것이오. 내 돈을 당신 사업에 투자하고 싶소. 당신이 틀림없이 성공하리라 나는 믿소."

투병중인 노인은 힐튼을 통해 자기 생애 마지막 투자를 해보기를 원했습니다. 노인의 조언에 따라 텍사스로 간 힐튼은 살아 움직이는 활기에 찬 도시의 모습을 보면서 노인의 말이 맞았다는 것을 단번에 느낄 수 있었습니다. 그는 텍사스를 돌아보면서 여러 가지 사업 거리를 찾았습니다. 그리고 모블리호텔이란 곳에 머물면서 새로운 꿈을 발견하게 되었습니다. 그것은 호텔사업이었습니다. 아버지가 살아 있을 때 온 가족이 함께 호텔을 운영해 본 경험이 그로 하여금 남들이 보지 못하는 호텔사업의 가능성을 발견할 수 있도록 했습니다. 1919년 드디어 그는 동업자를 찾아 모블리 호텔을 사들였습니다. 그리고는 어머니에게 전보를 보냈습니다.

"좋은 개척지를 발견했습니다. 이곳은 큰 배를 띄울 만한 깊은 물이 있습니다."

그 후 힐튼은 전문적인 경영으로 모블리 호텔 운영을 성공시켰고 이어서 다른 호텔들을 사들이기 시작하면서 점점 사업의 범위를 넓혀 나갔습니다. 힐튼은 호텔에 대해 보다 더 큰 꿈을 키워 나갔습니다. 1929년에는 그때까지 일궈온 호텔들을 모아 '힐튼호텔 주식회사'를 설립했습니다.

파산의 위기를
넘기고

그러나 1930년대 들어 미국 경기는
다시 극도로 나빠지기 시작했습니다. 사람들은 호텔
경기도 끝장이 났다고 말했습니다. 그런 상황 속에서
도 힐튼은 새로운 엘패소 힐튼 호텔 건립을 추진하여
완공시켰습니다. 그러나 무리하게 돈을 빌려서 호텔
을 세운 탓에 빚더미에 올라앉게 되었고 호텔 경영은
갈수록 적자가 심해졌습니다. 힐튼의 종업원들은 월
급을 받지 못해 사는 곳에서 쫓겨나 호텔 사무실에서
생활해야 했습니다. 호텔이 문을 닫으면 모두들 길바
닥으로 쫓겨날 판이었습니다.

힐튼은 차비가 없어서 가방을 들고 남의 차를 얻어
타면서 돈을 빌리러 다녔습니다. 그러나 모두가 어려
운 시절에 더구나 망해가는 힐튼에게 돈을 빌려줄 사
람은 아무도 없었습니다.

힐튼의 어머니는 아들에게 이렇게 말했습니다.

"코니, 감당하기 힘든 일을 만나면 어떤 사람은 나 몰라라 하고 도망가 버리고 어떤 사람은 창밖으로 뛰어내려 죽어 버리기도 하지. 그러나 어떤 사람은 교회로 간단다. 코니! 교회로 가라. 그리고 기도해라. 열심히 기도해라. 절대로 포기해서는 안 된다. 틀림없이 하나님이 응답해 주실 거다. 알았니?"

콘래드 힐튼은 새벽이면 교회에 나갔습니다. 그리고 폭풍과 같은 위기를 이겨나가게 해달라고 하나님께 빌었습니다. 상황은 계속 나빠지고 있었지만 그는 언젠가는 기도가 응답되리라 믿었습니다. 자신을 둘러싼 모든 환경이 나빠지고만 있었는데도 말입니다.

담당 변호사는 힐튼에게 차라리 사업을 포기하고 파산을 신청하라고 권유했습니다.

"이 많은 빚을 어떻게 감당합니까? 아마 천년이 지나도 다 갚지 못할 거예요. 이자를 물기 위해 계속해서 빚을 더 지고 있을 뿐이에요. 차라리 사업을 포기하세요."

"사업을 포기하라고? 그러면 나를 믿고 돈을 빌려

157

Conrad
Nicholson
Hilton

준 사람들은 어떻게 하란 말이오? 나는 신용이 목숨처럼 중요하오. 나 혼자 살자고 그걸 내던져 버릴 수는 없소. 그런 소리나 하려면 나가시오!"

힐튼은 계속해서 기도했습니다.

"하나님, 이 위기를 이겨낼 수 있도록 도와주세요. 솔로몬 왕에게 지혜를 주셨던 것처럼 이 어려움을 극복할 수 있는 지혜를 허락해 주십시오. 믿음으로 구하는 백성의 기도를 저버리지 않는다는 것을 저는 알고 있습니다. 제발 저와 함께 해 주세요."

어느 날 그는 우연히 잡지에서 월도프 아스토리아 호텔의 기사를 발견하게 되었습니다. 사진 속의 호텔은 뉴욕의 하늘을 향해 치솟아 있는 화려한 모습이었습니다. 모든 위대한 호텔 중의 최고, 왕 중의 왕 같은 호텔이었습니다. 그는 가슴이 뜨거워졌습니다.

'나는 여기서 무너지지 않아. 언젠가는 이 호텔을 내 손에 넣고 말 거야. 꿈은 언젠가는 이뤄진다. 이루고 말 테다!'

힐튼은 잡지의 기사를 오려서 지갑 속에 간직했고,

힘들 때면 그 사진을 꺼내보며 언젠가는 갖고야 말겠다고 다짐하곤 했습니다. 아니, 그의 눈에는 이미 그 호텔의 주인이 되어 왕성하게 일하고 있는 자신의 모습이 보이곤 했습니다. 하나님이 주신 비전이 선명하게 보였습니다. 그는 어려운 가운데서도 미래의 성공을 믿으며 버텨 나갔습니다.

1933년 가을. 사무실에 나간 콘래드 힐튼은 도저히 믿을 수 없는 기적과 같은 상황과 마주했습니다. 그곳에는 7명의 사람들이 모여 있었습니다. 오랜 지인들 그리고 어머니였습니다

"아니, 어찌 된 일인가? 어머니까지 어떻게 오셨어요?"

그들의 손에는 하얀 수표 한 장씩이 들려 있었습니다. 어머니는 그녀의 모든 재산을 담보로 해서 빚을 내어 돈을 마련해 왔고 다른 지인들 역시 나름대로 어려움을 감수하고 수표를 마련해 와 있었던 것입니다.

"우리는 자네에게 아무 조건 없이 이자도 받지 않

고 돈을 빌려 주기로 했네."

"콘래드 힐튼은 틀림없이 다시 일어설 수 있을 거 야."

"나의 아들 코니야. 나는 끝까지 너를 믿는다."

그들이 모아 준 3만 달러는, 은행들도 파산하는 경제 상황에서 무척 큰 돈이었습니다. 힐튼의 눈시울이 뜨거워졌습니다. 그건 기적과 같은 돈이었습니다. 길바닥으로 곧 쫓겨날지도 모르는 자신을 믿고 3만 달러를 모아주다니……. 그것도 아무런 조건도 없고, 이자도 받지 않고 말입니다.

좋은 기회가 또 찾아왔습니다. 은행에 있는 친구 손턴이 석유사업을 매수해 달라고 제안해 온 것입니다.

"우리 은행은 석유사업에 투자를 계획해 왔네. 그런데 은행법에 묶여서 아무것도 할 수 없으니 자네가 대신 매수해 주지 않겠나? 매수하는 데 필요한 비용은 우리 은행에서 빌려 주겠네."

콘래드 힐튼은 여기저기서 생기기 시작한 좋은 기

회들을 통해 빼앗겼던 호텔을 다시 찾게 되었습니다. 그리고 석유사업 투자에도 성공하여 3년이 지날 무렵에는 모든 빚을 다 갚고 다시 일어설 수 있었습니다. 또한 거기서 만족하지 않고 계속해서 호텔을 사들이고 새로운 호텔을 건설해 나갔습니다.

기도는
성공을 위한
최고의 투자

1949년 10월 가을비를 맞으며 힐튼은 서 있었습니다. 그는 비가 내리는 하늘을 감격에 겨운 눈으로 바라보고 있었습니다. 왜냐하면 마침내 월도프 아스토리아 호텔을 손에 넣은 날이기 때문입니다. 호텔 사진을 오려서 간직한 지 18년 만에 꿈을 이룬 것입니다. 그는 시련을 통해 자신을 강하게 훈

161

Conrad Nicholson Hilton

련시키고 큰 축복을 부어 주신 하나님께 감사했습니다. 쉽게 얻었다면 성공의 진정한 가치를 다 몰랐을 것입니다. 하나님의 도우심에 대한 감격도 없었을 것입니다.

월도프 아스토리아 호텔을 손에 넣자 사람들은 힐튼의 인생이 최고의 전성기를 누리고 있다고 부러워했습니다. 힐튼의 사업을 도와주던 아서 포리스톨이라는 친구가 말했습니다.

"자네는 정말 많은 일을 해왔어. 이제는 할 일을 다 한 거 아닌가?"

"아니. 일할 수 있고 기도할 수 있고 꿈꿀 수 있는 능력이 있는 한 한계는 없다고 믿고 있네!"

힐튼은 쉬지 않았습니다. 그는 계속 사업을 넓혀 나갔고 그의 꿈은 미국을 넘어 세계로 가고 있었습니다. 힐튼은 자서전에서 성공적인 삶을 살기 위한 방법으로 다음과 같은 열 가지를 강조했습니다.

1. 매일 일관되게 열심히 기도하라.

2. 당신만의 특별한 재능을 찾아라.

3. 크게 생각하고 크게 행동하고 큰 꿈을 가져라.

4. 언제 어느 순간에도 정직하라.

5. 열정을 가지고 살아라.

6. 재물의 노예가 되지 마라.

7. 문제를 해결할 때 서두르지 말고, 인내를 가지고 대하라.

8. 과거에 집착하지 마라.

9. 언제나 상대를 존중하고 업신여기지 말라.

10. 당신이 살고 있는 세계에 대해 자신이 할 수 있는 모든 책임을 다하라.

그중에서도 그가 평생에 걸쳐 실천하고 주변 사람들에게도 강조한 첫 번째가 바로 '기도생활'입니다. 힐튼은 일이 잘 될 때나 안 될 때나 기도가 성공을 위한 최고의 투자라는 것을 잘 알고 있었습니다. 그는 기도를 할 때 반드시 하나님이 듣고 계시다는 것을 믿었습니다. 그것은 어린 시절부터 어머니에게 배운 신념이었습니다.

　말년에 그는 자신의 자서전에서 이렇게 적고 있습니다.

　"사업을 하다 종종 파산할 위기에 몰리기도 했지만 정말 기를 쓰고 살아남았고 나중에는 엄청난 기회가 찾아왔다. 하나님의 도움과 기도의 힘, 그리고 언젠가는 반드시 이뤄지리라는 낙관주의가 나에게는 큰 힘이 되었다……. 최선을 다한 다음, 기도하면서 하나님의 대답을 기다렸다……. 세계 곳곳에 힐튼호텔이 세워지고 있을 때도, 사실 나는 몹시 어려운 상황에 있었다. 그 난관을 뚫고 나가는 데 힘을 준 것은 오직 하나님과 대화할 수 있는 기도였다."

　1979년 92세의 나이로 그의 저택이 있는 비버리힐즈에서 조용히 숨을 거둘 때까지 열정적으로 일하기를 그치지 않았던 콘래드 힐튼은 아직까지도 세계가 기억하는 호텔왕으로 남았습니다. 그가 평생에 걸쳐 세운 힐튼그룹은 현재 80여 개국의 주요 도시에 2,600여 개의 호텔, 객실 48만여 개에 10만5,000명의 사람들이 이용하는 규모를 자랑하는 세계적인 기업입니다. 콘래드 힐튼은 큰 성공으로 부자가 된 이후에도 어릴 적 어려웠던 시절을 잊지 않았으며, 하나님이 주신 재물을 귀하게 써야 한다고 생각해서 1944년 '콘래드 힐튼 자선 재단'을 설립하고 막대한 자기 재산을 기부하였습니다.

Conrad
Nicholson
Hilton

성경이 말하는 십일조의 비밀 여섯

선지자 말라기, 십일조의 축복과 저주를 선포
하다. 하나님의 것을 도적질하지 말고, 온전한
십일조로 온전한 복을 누려라.

"사람이 어찌 하나님의 것을 도둑질하겠느냐. 그러나 너
희는 나의 것을 도둑질하고도 말하기를 우리가 어떻게
주의 것을 도둑질하였나이까 하는도다. 이는 곧 십일조
와 봉헌물이라. 너희 곧 온 나라가 나의 것을 도둑질하였
으므로 너희가 저주를 받았느니라.
너희의 온전한 십일조를 창고에 들여 나의 집에 양식이
있게 하고 그것으로 나를 시험하여 내가 하늘 문을 열고
너희에게 복을 쌓을 곳이 없도록 붓지 아니하나 보라…
만군의 여호와의 말이니라."

(말라기서 3: 8~10, 12)

히스기야 왕의 시대가 지나고 세월이 지날수록 이스라엘 백성들은 다시 하나님을 잊어가고 우상을 숭배하기 시작했습니다. 하나님의 계명을 잊었고 십일조 또한 지키지 않았습니다. 하나님은 그런 이스라엘 백성들을 깨닫게 하기 위하여 회초리를 드셨고, 그 결과 이스라엘은 바벨론에게 망하여 이스라엘 백성들은 바벨론의 포로로 잡혀가게 되었습니다.

하나님의 은혜로 포로생활에서 풀려나 다시 이스라엘로 돌아와 성전을 건축하게 되었으나 그 과정이 어렵고 생활이 힘들자 백성들의 신앙은 다시 느슨해지고 십일조 또한 하지 않게 되었습니다. 백성들의 십일조가 사라지자 레위지파의 제사장들조차 더 이상 하나님의 일에 전념할 수가 없고 생계를 위해 다른 일을 해야 할 지경이 되었습니다.

이렇게 백성들의 믿음이 계속해서 흔들리자 하나님은 선지자 말라기를 통해 백성들에게 경고하셨습니다.

예수님이 태어나기 400년 전 즈음의 일이었습니다.
"너희가 어찌 하나님의 것을 도적질하느냐. 너희가
나의 것을 도적질하였으므로 저주를 받았느니라.
여호와의 말이니라!"

십일조는 해도 되고 안 해도 되는 선택사항이 아니라
반드시 해야 하는 하나님의 명령입니다. 십일조를 통
해, 물질은 물론 삶 전체의 주인이 하나님이심을 항상
기억하고 고백하라고 명령하셨습니다. 하나님은 십일
조를 하지 않는 것이 도적질이며 저주를 받게 된다고
경고하고 계십니다. 그 이유는 십일조를 범하는 것은
하나님의 주권을 부정하는 행위가 되기 때문입니다.

온전한 십일조에 대한 하나님의 아름다운 약속
말라기 선지자는 십일조에 대한 하나님의 강한 뜻을
백성들에게 전했습니다. 돌이키지 않는다면 저주를
받을 것이고 돌이킨다면 축복을 받을 수 있다고 분명

하게 선포했죠. 피조물인 인간이 자신을 만드신 창조주 하나님을 감히 시험할 수 없지만, 오직 단 한 가지 십일조에 대해서만큼은 맘껏 하나님을 시험해도 된다고 하셨습니다. 먼저 하나님의 집에 양식을 있게 하고 믿는 자에게 어떤 축복이 임하는지 하나님을 시험해 보라고 말입니다. 그만큼 십일조에 대한 하나님의 뜻이 강력한 것입니다.

십일조는 하나님이 백성을 축복하기 위해 백성에게 요구하고 계신 아름다운 축복의 약속입니다. 하나님은 다음과 같은 축복을 말씀하고 계십니다.

내가 너희를 위하여 메뚜기를 금하여 너희 토지 소산을 먹어 없애지 못하게 하며 너희 밭의 포도나무 열매가 기한 전에 떨어지지 않게 하리니, 너희 땅이 아름다워지므로 모든 이방인들이 너희를 복되다 하리라. 만군의 여호와의 말이니라.

(말라기 3 : 11 ~ 12)

김종호

십 일 조 의
꿈 을 품 을 때
하 늘 문 이
열 린 다

—Kim Jong Ho

김종호

Kim Jong Ho, 1914 ~ 1989

　　　　한국도자기(주) 창업주. 해방 전 대동목재를 설
립, 일찍부터 여러 가지 사업의 길에 뛰어들었다. 1959년에
는 충북제도(주)를 인수하여 대표이사로 취임하고 도자기사
업에 뛰어들었다. 1963년 상호를 한국도자기(주)로 변경하고
충북의 토착기업에서 세계 속의 정상급 도자기 기업으로 성
장시켰다.

또한, 자선사업가로서 지역발전과 종교계에도 큰 기여를 했
다. 충청북도문화상을 수상하였고, 그밖에 우수업체 경영에
따른 포상으로 대통령 표창과 재무 · 내무부장관상을 받았다.

"공장을 짓기 전에 하나님의 전을 먼저 지어라. 이스라엘에 갔을 때, 똑같이 요
단강 물을 받아먹더라도 갈릴리 호수는 살아 넘실대는데, 사해는 죽어가고 있는
걸 나는 똑똑히 보았다. 갈릴리 호수는 요단강에서 받은 물을 이스라엘 방방곡
곡에 대어 주지만 사해는 요단강 물을 받아만 먹고 단 한 방울도 다른 데로 내주
지 않는 고인 물이라서 죽어가는 것이다. 주님이 주는 요단강물을 받아만 먹지
말고 하나님의 뜻에 따라 베풀 줄 알아야 한다! "

— 김종호

피 토하는
기도 끝에 만난
예수님

하나님을 만나는 데에는 저마다 각 기 다른 사연이 하나씩 있게 마련입니다. 전도를 통해 마음을 열게 되기도 하고 누군가의 애끓는 기도의 힘으로 마음을 열게 되기도 합니다. 또는 세상의 시련 앞에 의지할 곳을 찾다가 하나님을 만나기도 합니다. 세계적으로 인정받는 한국도자기의 창업주인 김종호 역시 이웃의 전도를 통해 교회에 나가게 되었습니다. "전하는 사람 없이 어떻게 들으리오." 하고 성경에서 말한 것처럼 말입니다.

김종호는 일제시대에 태어나서 자란 사람입니다. 농사를 짓던 땅과 조상들 때부터 살아온 집을 모두 빼앗기자 김종호의 아버지는 몸져누웠고 결국 세상을 뜨게 되었습니다. 당시 21세의 김종호는 이미 결혼하여 한 가정의 가장이었고 액자나 병풍의 틀을 만드는 '마쓰야 표구사'에서 일하고 있었습니다. 제법 솜씨를 인정도 받았지만 하루아침에 모든 재산과 아버지를 잃게 되자 마음을 잡지 못하고 괴로워하며 술을 마셔대기 시작했습니다.

그러던 어느 날, 김종호는 모처럼 집에 일찍 들어와서는 아내에게 또 술심부름을 시켰습니다.

"거, 술 좀 받아 오소."

아내는 술만 찾는 남편이 못마땅했지만 마지못해 나서는데 누군가 찾아왔습니다.

"김 선생 계십니까?"

옆집 사는 박기래 씨였습니다. 옆집에 살기는 하지만 서로 마주치면 인사나 꾸벅 하고 지나갈 뿐 왕래가 없던 사람이었는데 집까지 찾아오니 김종호는 의아스러웠습니다. 당시에는 기독교인을 예수쟁이라 부르면서 무시하곤 했는데 박기래 씨가 바로 소문난 예수쟁이였습니다.

"아니, 박 집사님이 어쩐 일이십니까?"

김종호는 그래도 이웃인지라 반갑게 맞으면서 아

내에게 얼른 다녀와서 손님상을 차리라고 하는데 박 집사가 말렸습니다.

"술 받으러 가는 거면 관두십시오. 술은 내가 가지고 왔으니까요. 김 선생께 술 한 잔 대접하려고요."

예수를 믿는 사람이 술이라니? 김종호는 이상스러웠습니다. 그래도 술을 워낙 좋아하는지라 받아 마시며 이런저런 이야기를 나누었는데 아나나 다를까 박 집사가 전도를 해 왔습니다.

"김 선생, 교회에 한 번 나와 보지 않으시겠습니까? 교회에 나올 때마다 제가 술 한 되씩 대접해 드리지요."

"하하하. 술이라고요?"

술 좋아하는 사람에게 술이라는 미끼를 던졌으니 김종호는 내심 술 얻어먹을 마음으로 교회에 나가기로 했습니다. 그리고 첫 예배를 드리던 날 박 집사는 약속대로 술집으로 김종호를 데리고 가 주었습니다. 그 다음 주도 그 다음 주도 예배를 드리고 술을 얻어마셨습니다. 주일 전날 밤늦도록 술을 퍼마시고 간

날은 술 냄새를 풍기고 앉아 꾸벅꾸벅 졸기도 하고 인상을 찌푸린 채 연신 하품을 하기도 했습니다. 그러거나 말거나 박 집사는 항상 웃으면서 김종호를 찾아와 교회에 데리고 가고 예배가 끝나면 술을 대접했습니다.

그렇게 두어 달 지날 무렵. 그날도 박 집사에게 술을 얻어먹은 후 박 집사와 헤어져 혼자 집으로 돌아오는데 배가 사르르 아프기 시작했습니다. 처음에는 그저 배탈이려니 했는데 시간이 지나도 낫지를 않고 심상치가 않았습니다. 화장실에 기어들어갔다가 거의 송장이 되어 나오면서 앓기를 며칠이었습니다. 변에서는 피가 쏟아져 나왔습니다. 김종호는 의식이 희미해졌고 계속되는 설사로 아픈 배를 부여잡고 데굴데굴 굴렀습니다. 약을 먹어도 주사를 맞아도 소용이 없었습니다.

"여보, 그 성경책 치워버려. 그놈의 교회 가서 만날 예수님의 피가 어쩌고저쩌고 하는 소리를 들으니 내가 피똥을 싸는 거야. 박 집사도 다시는 집에 얼씬도 못하게 해! 아이고, 아이고!"

아내는 남편이 죽어 넘어갈 것 같아 온몸이 와들 와들 떨렸습니다. 그 와중에도 혼잣말처럼 "하나님 하나님…" 중얼거리자 김종호는 더 소리를 질러댔 습니다.

"시끄러워. 그 놈의 하나님 소리 집어 치우라고!"

그렇게 난리 북새통 속에서 몇 달이 지났습니다. 김 종호는 해골처럼 말라갔습니다. 더 이상 소리를 지를 힘도 없었고 마치 종잇장처럼 쓰러질 듯 겨우 숨을 쉬 고 있을 뿐이었습니다.

"여보…"

아내를 불렀지만 대답이 없었습니다. 그는 잠에라 도 취한 듯 어기적거리며 마당에 나가 보았습니다. 아무도 없었습니다. 마치 꿈을 꾸고 있는 것 같았습 니다. 기다시피 밖으로 나가 걷다보니 철길이었습니 다. 그의 온몸은 허물이 벗겨지고 있는 몰골이었습니 다. 김종호는 죽은 아버지가 생각나 더욱 서러웠습니 다. 목탄 열차가 들어오는지 멀리서 기적소리가 들리기 시작했습니다.

"아버지, 저 그만 죽을랍니다!"

그 시간 아내는 예배당에서 기도를 하고 있었습니다.

"하나님, 술 먹겠다고 교회 다닌 우리 동수 아버지 용서해 주세요. 그이의 병은 이제 인간의 힘으로는 고칠 수 없습니다. 약 지을 돈도 이제 없고요, 마지막 남은 쌀로 바꿔온 약도 먹자마자 다 토해냈습니다. 주여 이제 우리 식구는 다 죽게 생겼습니다. 우리 동수 아버지 살려 주시고 차라리 제 목숨을 거둬 가 주세요. 주여, 주여."

마루를 치며 피를 토하듯 절규하는 기도가 이어졌습니다. 평일이라 교회에는 아무도 없었습니다. 얼마나 정신없이 울부짖으며 기도를 했는지 정신이 가물거렸습니다.

"하나님, 우리 동수 아버지 좀 살려 주세요. 박 집 사님이 그러는데 하나님은 살아 계시다면서요? 죽은 자도 살리신다면서요? 그게 정말이라면 제발 우리

남편 좀 살려 주세요. 몹쓸 병에 걸린 이 남자 죽으면 저 혼자 어찌 아이들 키우면서 살아가겠어요. 살려만 주시면 어떻게든 무슨 수를 써서라도 잘 믿게 하겠습니다. 시어머니도 시누이들도 모두 전도하겠습니다. 이제 우리 집은 하나님 손에 달려 있습니다. 살아 계시다는 것을 보여주세요. 주여!"

눈물과 땀이 범벅이 되었습니다. 바닥을 쳐댄 손에는 피멍울이 맺혀서 뻘겋게 되었습니다. 정신이 가물거리는 데도 아내는 계속 "주여, 주여"를 외치고 있었습니다. 바로 그때였습니다.

"너의 기도를 내가 들었노라."

"네? 뭐라고요?"

아내는 갑자기 자지러지듯 놀라서 눈을 번쩍 뜨며 주위를 둘러보았습니다. 그러나 아무도 없었습니다.

"주님이십니까? "

그렇게 홀로 묻는데 바로 그때 기차가 교회 부근 철길을 지나는지 요란스러운 열차의 기적소리가 귓가에 울렸습니다. 기적소리를 들으며 그녀는 더욱 간절한 마음으로 기도를 했습니다.

그날 저녁 집으로 돌아오니 남편은 어디를 나갔다 왔는지 완전히 의식을 잃고 쓰러져 있었습니다. 아내는 허물이 다 벗겨진 흉물스러운 남편의 팔을 잡고 또 기도를 드렸습니다.

"주님, 아까 제 기도를 들었다고 말씀하셨죠? 이 사람을 살려 주시겠다는 거죠? 천지를 지으신 이가 불쌍한 인간 하나 못 살리겠습니까? 우리 가족을 살려 주셔서 감사합니다. 정말 감사드립니다. 이 사람이 곧 일어나리라 믿습니다. 믿습니다. 감사합니다. 감사합니다!"

얼마나 울면서 기도를 했는지 남편이 부스스 눈을 뜨며 꺼질 듯한 목소리로 말했습니다.

"여보, 그만 울어…"

남편의 얼굴에는 희미하게나마 미소가 있었습니다. 그날 이후 김종호는 하루가 다르게 몸이 회복되기 시작했습니다. 의사들은 기적이라고 하면서도 서로들 자기가 쓴 약이 뒤늦게 효험을 낸 덕이라 했습니다. 그러나 아내는 마음속으로 고개를 저었습니다.

"남편을 살려주신 이는 하나님이다! 하나님은 정말 살아계시는 거야."

김종호는 이렇게 다시 살아났고 아내 순환은 확실하게 예수님을 만났습니다. 그녀는 남편이 진정으로 예수님을 만나게 해달라고 빌었습니다. 그렇게 기도하기를 3년, 마침내 김종호도 예수님을 믿기로 작심하고 다시 교회에 다니기 시작했습니다. 하나님은 그렇게 한 명씩 한 명씩 자신의 백성을 모으셨습니다. 사람의 힘으로는 하나님을 믿을 수 없습니다. 하나님이 믿게 하셔야지요. 믿음은 하나님이 부어주시는 강한 축복입니다.

마음을 잡고 열심히 일해서 가정을 일으켜 세우고자 김종호는 제천으로 갔습니다. 그러나 제천의 상황도 좋지 않았습니다. 얼마 전에 대형 화재가 나서 상가들이 많이 불타버렸고 김종호 역시 표구사를 차렸지만 일이 전혀 들어오지 않았습니다. 때로는 쌀도 감자도 없어서 밥을 굶어야 할 때도 있었습니다. 세 살 난 아들 동수와 둘째 아이를 임신하여 배가 한껏 부풀어 오른 아내를 보면 가슴이 미어져 왔습니다. 그러던 중 이성봉 목사의 부흥회가 제천에서 열렸습니다. 이성봉 목사는 훗날 김종호와 사돈 지간이 될 인연이었지만 그때는 서로 몰랐습니다. 부흥회에 참석한 김종호는 이성봉 목사의 설교를 듣고 감동하여 무릎을 꿇고 하나님 앞에 회개 기도를 올렸습니다.

"하나님, 술을 먹겠다고 교회에 나가고 성경을 읽으면서도 하나님을 부정하고 모욕하고 화가 난다고 주먹질 한 이 죄 많은 죄인을 용서해 주십시오. 이 죄인을 받아 주십시오."

김종호뿐만 아니라 많은 사람들이 눈물을 뿌리며 회개기도를 드렸고 3일간의 부흥회가 끝나는 마지막 날에는 불타버린 땅에 교회당을 다시 짓자며 너도나도 헌금을 하기 시작했습니다. 모두들 가난하고 어려운 때였지만 결혼할 때 장만한 금가락지를 빼서 넣는 사람도 많았습니다. 김종호 역시 하나님께 무언가를 바치고 싶었지만 아무것도 드릴 게 없었습니다.

"하나님, 저도 헌금을 하고 싶습니다. 주의 일에 쓸 재물을 바치고 싶습니다. 50원을 헌금하기로 작정 기도를 하겠습니다."

이렇게 결심한 김종호는 새벽이면 제천 의림지 호숫가로 가서 혼자서 새벽기도를 드렸습니다. 비가 오는 날이면 마대를 둘러쓰고 엎드려 기도의 눈물을 빗물과 함께 뿌렸습니다.

"하나님, 헌금을 하고 싶습니다. 십일조도 하고 싶습니다. 주의 일에 쓰임 받을 수 있도록 맘껏 헌금을 하고 싶습니다. 제발 헌금을 할 수 있도록 저를 좀 도와주세요. 절대로 하나님의 은혜를 잊지 않겠습니다. 절대로 하나님을 배신하지 않겠습니다. 죽을 때까지 주신 은혜를 기억하면서 빚진 자의 심령으로 살아가겠습니다."

가난으로 인한 울분과 가족을 먹여 살릴 걱정에 대한 온갖 울분을 그는 하나님 앞에서 토해냈습니다. 그리고 자신의 기도가 단순히 먹고 사는 걱정으로 인한 기도가 아니라 하나님을 위한 것으로 승화되기를 또한 기도했습니다.

하루는 기도를 하고 내려오는데 세워놓은 자전거가 없어졌습니다. 당시로서는 자전거가 그의 유일한 재산이었고 일을 해나가는 데 꼭 필요한 물건이었습니다. 너무 속이 상하고 비참했습니다.

"하나님, 헌금 50원을 하겠다고 작정 기도를 하는데, 자전거까지 거둬 가시면 저는 어쩌란 겁니까? 그게 있어야 일을 해서 헌금할 돈을 벌지요. 하나님 너무하신 거 아닙니까?"

혼자서 울다가 집에 돌아왔더니 아내가 걱정스런 표정으로 주재소에서 오라고 했다는 말을 전했습니다. 일제시대의 주재소는 경찰서 같은 곳이라 거기서 오라고 하면 사람들은 겁부터 내곤 했었습니다. 방황하던 시절 일본 순사를 두들겨 패서 문제가 되었던 적이 있는 김종호는 겁에 질려 주재소로 달려 갔습니다.

"이 자전거가 당신 건가? 빈 들길에 세워져 있어서 누가 훔친 건 줄 알고 우리 직원이 가져왔다더군. 자전거 뒷부분에 동명표구사라 쓰여 있는게 맞소?"

동명표구사는 김종호가 차린 표구사의 이름이었습니다.

"네 맞습니다. 어이구, 감사합니다. 자전거를 찾아 주시다니……."

"당신이 표구 일을 할 수 있소?"

"그럼요."

뜬금없는 질문이었지만 김종호는 자신의 직업이 표구 일이니 당연하다는 듯 자신 있게 말했습니다.

"그거 잘됐소. 마침 중요한 그림 하나를 표구할 일이 있는데, 당신이 좀 해주시오."

"네?"

표구사를 차린 지 처음으로 주문을 받는 순간이었습니다. 일이 생기다니…그것도 자질구레한 게 아니라 일본 순사가 무척 어렵게 모시고 있는 구로다 역장이 잡은 물고기 그림이라고 했습니다. 이제는 가족을 먹여 살릴 수 있는 길이 보인다고 김종호는 생각했습니다. 그리고 정성껏 액자를 만들었고 그렇게 만든 액자는 구로다 역장의 마음에 쏙 들었습니다. 구로다 역장은 김종호의 실력이 마음에 들어 새로운 일을 제안했습니다.

"우리 관사 40채 공사를 지금 하려 하는데 그 공사를 따겠다는 사람들이 줄을 섰지. 근데 관사 1호인 우리 집 공사를 자네가 한번 해보게. 이 정도 솜씨면 할 수 있을 거야. 1호를 잘 해내면 나머지 공사도 내

맡기지."

　김종호는 주님이 주신 기회라 생각하고 온힘을 다
해 공사를 했습니다. 만삭으로 배가 부른 아내도 뒤
뚱거리며 남편을 도왔습니다. 1호 공사도 역장과 역
직원들의 마음에 쏙 들었습니다.

　"좋아. 나머지 40채 공사를 전부 맡기지. 우선 착
수금으로 100원을 받게."

　김종호는 믿기지 않았습니다. 끼니 걱정을 하던 신
세였는데 100원이란 돈을 한꺼번에 받게 되다니. 김
종호는 100원이 생기자 하나님께 약속한 50원을 먼
저 교회에 바친 후 자신의 집에 쌀을 들여놓았습니
다. 그리고 아내는 새로 들여놓은 첫 쌀의 한 말을 떼
어 감사헌금으로 바쳤습니다.

　부부는 열심히 교회를 섬기며 일했습니다. 김종호
는 또한 한 교회에 다니는 한백수 집사와 함께 '대동
목재주식회사'를 차려 더욱 번창해 나갔습니다. 그리
고 사업의 첫 이윤부터 십일조를 철저하게 하기 시작
했습니다. 그리고 얼마 지나지 않아 살림 형편이 좀

좋아지자 십분의 일이 아니라 십분의 이조를 드리기
시작했습니다. 모든 축복이 하나님의 기도응답이라
는 것을 잘 알고 있었기 때문입니다.

하나님의 방법은 언제나 이렇게 오묘하고도 합리
적입니다. 어느 날 하늘에서 금덩어리가 떨어지게 하
시는 게 아니라 하나씩 하나씩 기회를 주시고 그 기
회를 열심히 받아 수고할 때 또 다른 기회들을 연결
해 주십니다. 그러니 하나님이 주신 작은 기회들을
사람이 어찌 쉽게 생각할 수 있겠습니까. 작은 일에
충성한 자가 큰일에도 충성할 수 있기에 하나님은 그
렇게 우리를 강한 백성으로 훈련시켜 나가시는 것입
니다.

하나님이 세워 주신
한국도자기 (주)

김정호는 한국도자기라는 기업을 일구기까지 많은 실패와 경험을 반복했습니다. 젊은 시절 표구사 직원으로 일하다가 표구사를 차려서 독립한 후에도 자리를 잡기까지 힘든 시간을 보내야 했습니다. 1945년 우리나라가 일본으로부터 해방되자 서울에 올라갔다가 실패하고 빈털터리로 고향 청주에 내려와서는 다시 방앗간을 하면서 먹고 살았습니다. 1948년 장로가 되고 방앗간으로 제법 재미도 보았지만 1950년 육이오 전쟁이 터져버리고 말았습니다. 전쟁으로 모든 것을 잃고 피난을 갔다가 돌아와서는 다시 살길이 막막했습니다. 그때 알고 지내는 김덕환 장로가 김종호에게 장사를 같이 해보자고 말했습니다.

"그릇 장사를 해봅시다!"

"그릇이라고요?"

"네, 그릇 말입니다. 이번 전쟁 통에 모두들 살림 살이가 결딴이 났습니다. 지금 뭐가 제일 급합니까? 먹는 거잖아요. 그런데 손으로 먹겠습니까? 바가지로 퍼먹겠습니까? 피난 갔다 온 사람이 제일 먼저 찾는 게 그릇이에요, 밥 그릇!"

김정호는 옳다 싶어서 김덕환 장로와 함께 그릇 장사를 했습니다. 그리고 얼마 후에는 그릇 장사를 접고 그릇 공장을 아예 인수하였습니다. '충복제도사' 였습니다. 그러나 자금이 부족하여 여기저기서 빚을 끌어다가 어렵게 공장을 시작한 거라, 처음부터 빚에 대한 이자 부담이 컸습니다. 더구나 시장에서는 플라스틱이나 스테인리스 그릇들이 판을 치기 시작하여 충복제도사에서 만드는 도자기 그릇은 팔리지 않았습니다. 이자를 많이 내야 하는 사채까지 끌어다 쓴 까닭에 김종호는 매일 같이 빚 독촉에 시달리는 신세가 되었습니다.

"하루만 연기해 주세요."

"내일은 반드시 이자를 마련하겠습니다."

유학을 준비하던 큰 아들 동수까지 아버지 김종호의 부탁으로 내려와 사업을 도왔지만 쉽게 풀리지가 않았습니다. 엎친 데 덮친 격으로 충북제도사의 전 주인인 김지준 씨가 재판을 받게 되었습니다. 예전에 충북제도사를 불법적으로 사들였다는 것입니다. 전 주인인 김지준 씨가 불법적으로 사들인 공장을 다시 김종호가 산 것이니, 재판부는 김종호가 공장을 인수한 계약 자체를 무효라고 판결 내렸습니다.

더 이상 김종호는 물러설 데가 없었습니다. 공장을 통째로 빼앗기고 쫄딱 망하게 생긴 것입니다. 그동안 김종호는 어려운 가운데서도 들어오는 수입을 교회를 새로 건축하는 데 지원하고 있던 터라 교회 건축에도 상당한 타격이었습니다.

"하나님, 공장 문을 닫고서야 어떻게 교회를 짓겠습니까. 또 저와 제 가족을 믿고 돈을 빌려준 사람들에게 또 뭐라고 합니까. 제가 교회를 다니는 것을 그들이 다 아는데, 빚도 갚기 전에 공장 문을 닫으면 그들이 저를 욕하면서 예수님 믿는 사람도 어쩔 수 없다며 주님을 욕되게 할 겁니다. 어떻게 하면 좋습니까. 죽고 싶어도 죽을 수가 없습니다. 제가 죽어버리면 세상 사람들은 '거봐라, 하나님이 어디에 살아 계시냐'며 또 주님을 욕되게 할 것입니다. 빚쟁이들에게 하나님의 이름이 욕먹지 않게 해주세요.”

김종호는 산에 올라가 간절하게 기도를 드렸습니다. 차라리 죽고 싶었지만 그럴 수도 없는 그였기에 더욱 참담했습니다. 하나님이 원망스럽다가도 성경에 나오는 욥을 생각하자 원망조차 할 수가 없었습니다. 욥은 자식도 잃고 재산도 잃고 온몸에 악창이 나서 기와 조각으로 긁으며 괴로워 했습니다. 그의 처가 “차라리 하나님을 욕하고 죽어버려라.” 하고 말했지만 욥은 “우리가 하나님께 복을 받았으니 재앙도 받지 않겠느냐.”며 고통 가운데서도 하나님을 부정하지 않았습니다. 그런 믿음이기에 하나님은 훗날 더 큰 축복을 내려 주셨지요. 김종호는 기도 중에 문득 성경의 시편 구절을 암송했습니다.

내가 산을 향해 눈을 들리라. 나의 도움이 어디서 올
까. 나의 도움은 천지를 지으신 여호와에게서로다.
여호와께서 너를 실족하지 아니하게 하시며 너를 지키
시는 이가 졸지 아니하시리로다. 낮의 해가 너를 상하게
하지 아니하며 밤의 달도 너를 해치지 아니하리로다.

(시편 121편 1~3, 6)

뜨거운 눈물이 흘러내렸습니다. 공장은 결국 문을
닫았지만 그는 울면서 기도를 계속해 나갔습니다. 그
러던 어느 날 한 남자가 지프 차를 타고 공장에 찾아
왔습니다.

"여기 주인이 누구요? 당신이 김종호요?"

"그런데요."

"아니, 이렇게 공장 생산을 멈추고 있으면 어떡합
니까? 당신은 이 공장이 우리나라 127개 기간산업에
들어간 걸 모르쇼? 군사정변으로 세상이 완전 바뀌
었단 말이오. 이 공장을 가동해야 한단 말이오. 사전
조사를 해봤더니 운영이 어려운가 보던데, 이거 이

공장이 이렇게 멈춰 있으면 내가 군사 위원회에 불려가 목이 날아갈 판이오! 국가 기간산업을 놀리게 하다니. 당신, 내 차 타고 은행엘 좀 갑시다!"

"누구신데, 그러십니까?"

"나 고광도요. 충북도지사라고 해야 알겠소?"

"아! 그럼 공장 문을 닫지 않아도 되는 겁니까?"

"문을 닫다니. 공장을 가동해야 해요. 당신 공장이 놀고 있으면 내 목이 날아갈 판이라니까!"

충북도지사가 직접 찾아와 공장을 다시 가동하라며 은행에 가자고 하다니! 나라에서 은행자금을 대주면서까지 공장을 지원하고 나선 것이었습니다. 당시 사회는 어지러웠습니다. 군인들이 군사정변을 일으켜 모든 권력을 장악했는데 그들은 경제 재건을 가장 중요한 것으로 내세웠습니다. 우리나라의 힘을 기를 만한 몇 개 사업을 기간산업으로 정하고 지원을 하기 시작했는데 그 안에 김종호의 공장도 포함되어 있었습니다. 그해 12월, 김종호는 새로운 간판을 내걸었습니다. 한국도자기(주). 앞으로 하나님의 영광을 드러낼 진정한 그의 사업체가 비로소 탄생했습니다. 모든 것이 합력하여 선을 이루시는 하나님께서 김종호의 상황에 직접 개입하신 것입니다. 하나님은 군사정변이라는 상황을 활용하여 김종호를 위기에서 구해내셨습니다.

내 공장은 쓰러져도 교회를 짓겠다는 믿음

겨우 공장 문을 다시 열 수 있게 되긴 했지만 여전히 시장에서는 한국도자기의 그릇들이 잘 팔리지 않았습니다.

"품질을 혁신해야 해. 품질이 앞서가지 못하면 회사의 미래도 없어."

김종호의 맏아들 동수는 품질 혁신만이 살길이라는 걸 알았습니다. 경쟁사들과 확실하게 차이나는 제품들을 만들어내야 하는 것입니다. 그러나 한국도자기 공장의 낡은 시설로는 그런 도자기 그릇을 만들어 낼 수 없었습니다. 현대식 시설이 필요했지만 1,000만 원이 넘는 시설비를 감당할 여력이 없어서 이러지도 저러지도 못하고 있었습니다.

그러한 가운데 1967년 김종호가 몸담고 있는 청주 서문교회의 새 성전이 완성되었습니다. 한국전쟁이 끝난 직후부터 어려운 가운데서도 김종호가 주도적으로 봉사해 온 성전 건축이 드디어 완성된 것입니다. 새 성전 헌당식 때 길보른이라는 외국 선교사가 참석했습니다.

"김 장로님, 성전을 짓는 데 가장 애를 많이 쓰셨다고 들었습니다. 정말 수고하셨습니다. 상급은 하늘 아버지께서 주실 일이지요. 그런데 장로님, 그릇 공장을 한다고 들었는데 한 번 가서 볼 수 있을까요?"

김종호는 선교사를 한국도자기 공장으로 안내했습니다. 그러나 선교사에게 공장을 보여주면서 부끄럽기 짝이 없었습니다. 한겨울이라 판자로 된 공장 안으로 여기저기서 찬바람이 들어오고 눈이 녹아 물이 줄줄 새어 들어오고, 천장에 어설프게 매달린 백열등이 바람에 이리저리 흔들리는 누추하기 짝이 없는 모습이었기 때문입니다. 김종호는 얼굴이 벌겋게 달아올랐습니다. 공장을 돌아본 뒤 선교사는 차를 마시자고 했습니다. 공장에는 별달리 대접할 차도 없어서 김종호는 따뜻한 보리차라도 정성껏 내놓았습니다. 선교사가 차를 받으며 손을 모았습니다.

"기도합시다. 하나님 감사합니다. 저에게 자신의 공장은 물이 주룩주룩 새더라도 하나님의 교회는 튼튼하게 지을 줄 아는 김종호 장로님, 자기의 공장은 판잣집으로 짓더라도 교회 건축을 위해 재물을 바치기를 아끼지 않은 우리 장로님의 아름다운 마음을 보게 해주심을 감사드립니다. 이제 저의 고향 몬트리올의 기독실업인회 친구들이 보내온 지원금을 김종호 장로님께 행하겠사오니, 김종호 장로님께서 그 돈으로 귀한 열매를 맺어 하나님께 영광 돌리게 하시옵소서. 우리 주 예수님의 이름으로 기도드립니다. 아멘."

이게 무슨 소리입니까. 캐나다에서 온 선교사가 지원금을 주겠다니. 선교사는 2만 달러가 든 봉투를 꺼냈습니다. 한국의 기업인 중에서 하나님의 영광을 위해 소중하게 쓸 수 있는 사람을 찾아서 지원하는 것이 그가 고향에서 지니고 온 사명이었던 것입니다. 그리고 길보른 선교사는 청주 서문교회 건축에 몸과 돈과 시간을 아끼지 않은 김종호 장로의 초라한 공장을 돌아보고 김 장로에게 봉투를 전하기로 결심한 것입니다. 2만 달러는 당시로서는 약 1천2백만 원에 해당하는 엄청난 금액이었습니다. 한국도자기의 공장에서 그토록 필요로 하는 현대식 시설을 갖출 수 있는 금액의 돈!

김종호는 선교사의 지원금으로 현대식 시설을 갖추어 품질 혁신을 이뤄낼 수 있었고 연이어 황실 장미세트, 본 차이나 등 히트 상품을 개발함으로써 한국을 대표하는 도자기 기업으로 세계 속에 우뚝 서게 되었습니다.

김종호는 공장을 늘려가면서도 새로운 교회도 세

워 나갔습니다. 수출 공장 건설을 계획하고 있을 때였습니다. 그는 공장 설계를 준비하는 아들 동수 앞에 교회 설계도를 내놓았습니다.

"뭘 그렇게 놀라느냐? 우리 공장을 짓기 전에 하나님의 전을 먼저 짓는 것이 옳다. 우리가 얼마 전 성지 순례를 갔을 때, 똑같이 요단강 물을 받아먹더라도 그 물을 흘려보내 이스라엘 방방곡곡에 물을 대어 주는 갈릴리 호수는 살아 넘실대는데, 요단강 물을 받아만 먹고 단 한 방울도 다른 데로 내주지 않는 사해는 소금바다로 죽어가고 있는 것을 똑똑히 보지 않았니? 우리는 주님이 주는 요단강 물을 받아만 먹지 말고 하나님 일을 위해 베풀 줄 알아야 한다!"

훗날 서원교회로 성장하게 되는 청신교회는 이렇게 세워졌습니다. 성전을 짓고 곧이어 한국도자기의 수출 공장들도 줄줄이 세워졌습니다. 수출 공장들은 한국도자기가 세계로 날아오르는 터전이 되었습니다. 김종호는 사장인 아들 김동수를 불러서 당부했습니다.

"우리가 새 공장을 짓고 할 일이 두 가지가 있다고 생각한다."

"말씀하시면 시행하겠습니다."

"첫 번째는 공장 예배다. 어떤 형태로든 회사 안에서도 예배를 드리도록 해야겠다. 두 번째는 회사에서 전액을 부담하여 전 직원들에게 급식을 제공해서 나부터 말단직원까지 함께 식사를 하도록 하자."

"네, 알겠습니다!"

도자기가 가는 곳마다 주님 나라와 그 의가 확산되게 하여 주옵소서!

끊임없이 이어지는 김종호와 그의 기도부대인 가족들의 기도처럼 한국도자기는 세계로 뻗어나갔고 그 공장 안에서도 주님 나라가 점점 넓어졌습니다. 김종호는 평생 십일조에 헌신하고 십일조뿐만이 아니라 십의 이조 그 이상을 바치고 교회 건축에 몸과 마음과 재물을 아끼지 않았던 충실한 주의 종이었습니다.

김종호가 그릇가게를 하던 초창기 시절, 헌금 봉투

에 새 돈만을 추려서 수북하게 담는 것을 보고 고등학생이던 맏아들 동수가 물은 적이 있었습니다.

"아버지, 성경에도 10분의 1을 하나님께 바치라 했는데 너무 많이 넣는 거 아닌가요?"

"하나님 나라의 법칙을 함부로 얘기하는 게 아니다. 성경에는 '네 믿음대로 될찌어다.' 라는 말씀도 있지 않느냐? 하나님은 즐겨 내시는 자를 기뻐하신다!"

하나님은 그런 김종호의 믿음대로 한국도자기에 축복을 허락하셨고 그 자식들의 앞길도 창창하게 열어 주셨습니다.

하나님은 충성하는 종을 더 귀하게 쓰십니다. 네 믿음대로 된다고 성경이 말하고 있는 것처럼, 대강 믿는 사람은 대강 될 것이고, 온 마음으로 충성하는 자와 그의 집안은 주님께서도 귀하게 세워 주실 것입니다. 그것이 성경이 우리에게 말해주고 있는 축복의 비결입니다.

예수, 온전한 십일조에 대해 가르치다
형식으로만 하지 말고 온 마음으로 지켜라

"화 있을진저 너희 바리새인이여 너희가 박하와 운향과
모든 채소의 십일조는 드리되 공의와 하나님께 대한 사
랑은 버리는도다. 그러나 이것도 행하고 저것도 버리지
말아야 할지니라."

(누가복음 11 : 12)

. . .

신약에서 말하는 십일조

예수님이 오셨을 때 바리새인들은 모세의 율법을 철저
히 지키며 나름대로 경건한 생활을 하고 있었습니다.
그들은 "하나님이여 나는 이레에 두 번씩 금식하고 또
소득의 십일조를 드리나이다." (누가복음 18 : 11 ~ 12)

하며 누구보다 경건한 생활을 하고 있다며 자만했습니다. 그러나 예수님은 그런 그들을 향해 하나님께 대한 사랑을 버린 외식하는 자들이라고 호되게 질책하셨습니다. 같은 장면이 누가복음에도 나오고 다음과 같이 마태복음에서도 나오고 있습니다. 그만큼 우리에게 중요한 메시지를 던지고 있다고 하겠습니다.

화 있을진저 외식하는 서기관들과 바리새인들이여 너희가 박하와 회향과 근채의 십일조는 드리되 율법의 더 중한 바 정의와 긍휼과 믿음을 버렸도다. 그러나 이것도 행하고 저것도 버리지 말아야 할지니라.

(마태복음 23:23)

예수님은 십일조를 드리는 형식뿐만 아니라 어떤 마음으로 드리느냐가 더 중요함을 일깨우고 계십니다. 이것도 행하고 저것도 버리지 말아야 한다는 것은 십일조의 율법적 형식과 정신을 모두 잊지 말아야 한다는 뜻입니다.

예수님은 이렇게 질책하시며, 십일조의 형식과 정신
을 모두 정결하게 지켜나가라고 우리에게 말씀하고
계십니다.

. . .

십일조뿐만 아니라 전 재산을 바친
초대교인들

어떤 사람들은 예수님이 이 땅에 오셔서 모든 율법을
폐했으므로 십일조 또한 폐해진 거라고 주장합니다.

그러나 예수님은 율법을 폐하기는커녕 "천지가 없어지기 전에는 율법의 일 점 일 획이라도 반드시 없어지지 아니하고 다 이루리라(마 5:18)."고 말씀하셨습니다.

구약의 모든 율법은 폐해진 것이 아니라 예수님에 의해서 더욱 완전하고 새로운 모습이 된 것입니다. 할례가 세례가 되었고 제사가 예배의 모습으로 지켜지고 있는 것이 바로 그러한 경우입니다. 율법이 폐해진 것이라면 십계명도 폐해져야 하지 않겠습니까? 율법도 하나님의 말씀이기에 영원한 것입니다. 다만 예수님은 율법만으로는 구원에 이를 수 없으며 오직 예수님을 믿음으로써 구원에 이를 수 있다는 것을 가르치신 것입니다. 즉 율법을 폐했다기보다는 율법주의에 빠진 형식적인 믿음을 꾸짖었습니다. 율법 자체가 나쁜 것이 아니라 율법주의에 빠지는 것이 나쁜 것입니다.

따라서 십일조가 율법을 중시하던 구약시대에 국한

된 율법이므로 오늘날에는 지킬 필요가 없다는 생각은 대단히 잘못된 것입니다. 예수님은 오히려 십일조를 더욱 강조하여 가르치셨습니다. 십일조의 형식뿐만 아니라 그 정신까지도 온전히 지키라고 강조하셨습니다. 그런 가르침에 따라 사도들과 초대교회 성도들은 십일조를 철저히 지켰습니다. 십일조뿐만 아니라 자신의 재산 전부를 교회 공동체와 함께 나눴습니다.

이는 십분의 일을 넘어 전 재산을 하나님께 드리는 모습이었습니다. 예수 그리스도에 대한 믿음과 열정이 가득하였기 때문에 자신의 소유를 주장하지 않고 성령으로 하나 된 진정한 공동체를 실현해 가고자 했던 것입니다.

믿는 사람이 다 함께 있어 모든 물건을 서로 통용하고 또 재산과 소유를 팔아 각 사람의 필요를 따라 나눠 주며 날마다 마음을 같이하여 성전에 모이기를 힘쓰고 집에서 떡을 떼며 기쁨과 순전한 마음으로 음식을 먹고 하나님을 찬미하며 또 온 백성에게 칭송을 받으니 주께서 구원 받는 사람을 날마다 더하게 하시니라.

(사도행전 2: 44~47)

초대교인들의 십일조와 전 재산을 바치는 헌신은 초대교회가 급속도로 성장하는 데 큰 힘이 되었습니다. 이처럼 십일조는 하나님의 일에 선한 도구로 쓰여 하나님의 나라를 확장해 가는 데 크게 보탬이 됩니다. 하나님은 백성의 마음과 정성을 모아 바친 십일조를 통해 하나님 나라를 키워나가기를 기뻐하시는 것입니다.

김광석

주   가
쓰시겠다면
모든 것을
바치리라

—Kim kwang Seok

김광석

Kim kwang Seok, 1939~

현 참존화장품 회장. 1939년 경남 하동에서 태어나 성균관대학교 약학과를 졸업했다. 1966년 서울 중구에 피보약국을 개설했고 1984년 주식회사 참존을 설립해 오늘에 이르고 있다. 불교신자였던 그는 보건관리법 위반으로 절에 숨어 지내던 중 하나님을 만나게 되어 새 삶을 찾았다. 현재 서울 소망교회 장로이며 매일 새벽기도회에 참석하여 삶의 에너지와 지혜를 얻는다고 말한다.

국민훈장 모란장, 2002 자랑스런 한국인 대상, 납세의무 성실 이행 유공 표창, 훌륭한 기업가 대상, 연세기업윤리자 대상, 고려대학교 경영대학원 경영인 대상 등을 수상했고, 성균관대학교 약학대학 겸임교수로 있다.

"부자가 되는 비결을 알고 싶으십니까? 저는 알고 있습니다. 그 첫 번째가 바로 십일조입니다. 저는 십분의 일이 아니라 십분의 이조로 하나님을 시험한 사람입니다. 아, 정말 무섭더군요. 하나님께서 소나기 같은 복을 퍼부어 주시는데…십일조가 가져다 준 축복은 제가 감당하기 어려울 정도였습니다."

— 김광석

믿음은 거부할 수 없는
하나님의 계획

존 록펠러처럼 어려서부터 엄격한 신앙교육을 잘 받아 평생 하나님과 함께 한 신앙도 감동적이지만 김광석 회장의 간증은 더욱 믿는 사람의 가슴을 뛰게 합니다. 먼저 된 사람이 나중이 되고 나중 된 사람이 먼저 된다는 성경의 말씀처럼 그는 비록 뒤늦게 믿었지만 그 누구보다 열정적인 믿음을 가지고 있었습니다. 그의 이야기를 접하다 보면 '믿을 바에는 이렇게 뜨겁게 믿어야지. 이렇게 세게 믿고 주님을 확실하게 만나야지.' 하는 도전을 받게 합니다. 하나님이 그의 인생 속속들이 개입하고 도우신 이야기를 접하다 보면 나의 인생 속속들이 개입하실 하나님을 더욱 깊이 신뢰하게 됩니다.

김광석, 그는 철저한 불교 집안의 맏아들로 자신 또한 철저한 불교신자였습니다. 일찍 성공하여 돈이 좀 있을 때 절도 여러 번 지어 바치고, 수많은 기독교인들에게 부처님을 전도하여 불교신자로 개종시켰을 정도였습니다. 그러나 하나님은 강하게 붙드시는 사랑으로 그가 계속해서 불신의 인생을 살도록 내버려 두지 않으셨습니다.

그는 대학에서 약학을 공부하고 졸업 후 서울에서 약국을 운영하고 있었습니다. 그가 개발한 피부병 약이 불티나게 팔리기 시작하면서 지방의 약사들에게도 그 약을 팔아 큰 돈을 벌어들이게 되었습니다. 약국은 날마다 번창해서 하루에 아파트 한 채 값의 매출을 올리는 날도 종종 있었습니다. 그러나 1979년 가을, 생각지도 못한 위기가 닥쳤습니다. 그가 밖에 있을 때 약국의 직원 하나가 급하게 빠져나와 말했습니다.

"약사님, 어서 도망가세요. 검찰에서 나와서 약국을 뒤지고 쑥대밭을 만들었어요. 약사님을 잡아 가겠대요!"

"뭐라고? 내가 뭘 잘못했는데?"

"보건관리법 위반이래요, 감옥에 잡아가둔답

213

니다.”

다른 약사에게 약을 파는 것이 불법에 해당된다는 것을 몰랐던 게 잘못이었습니다. 잡히면 그대로 감옥행이었습니다. 김광석은 하는 수없이 친구 집에 피했다가 경남 양산의 한 절로 숨어들었습니다. 감옥에 가는 것도 두려웠지만 무려 8억 3천만 원이라는 벌금을 감당할 재간이 없었습니다. 앞이 캄캄했습니다. 당시로서는 8억 3천만 원이라는 금액은 지금으로 치자면 100억 원에 해당하는 큰돈이었기에 한 개인이 감당할 수 없는 수준이었습니다. 앞날이 창창하게 잘 나가던 젊은 약사의 인생은 송두리째 엉망진창이 되었습니다.

“도대체 어디서부터 뭐가 잘못된 건가. 내 인생이 왜 이렇게 엉망이 되었지? 평생 벌금만 내다가 가난하게 죽을 거야. 평생 벌어도 못 낼 금액이라고. 이제 우리 식구들은 어떻게 하지? 어머니는 또 어떻게 하고? 이렇게 평생 절에서 숨어서 살아야 한단 말인가?”

행여 절에 드나드는 사람들에게 들킬까봐 나가지도 못하고 방구석에 숨어서 지내면서 몇 개월이 흘렀습니다. 그러던 어느 날 골방 한 귀퉁이에 있는 누런 신문을 발견했습니다. 오래된 신문인지라 색이 바래 있었는데 한 기사의 제목이 눈에 들어왔습니다.

"무허가 약사 벌금 8억여 원 선고!"

'나와 비슷한 처지의 사람이 또 있는가 보군…'

이렇게 생각하며 김광석은 허탈한 심정으로 기사를 읽어보았습니다. 그런데 그 기사는 다름 아닌 김광석 자신에 관한 기사였습니다. 아니 어떻게 몇 달 전의 신문이 새삼스럽게 이 골방에서 발견된단 말인가. 누군가 일부러 갖다 놓았단 말인가. 꼭 귀신의 장난처럼 이상스러웠습니다. 마치 보이지 않는 손이 자신의 인생을 조율하고 있는 것 같았습니다. 생각지도 못한 위기에 빠뜨려 절에서 수개월을 숨어 지내게 하더니 느닷없이 색 바랜 신문을 통해 자기의 신세를 확인하게 하다니. 누구냐? 내 인생을 이렇게 주무르고 있는 것은? 묘한 전율 속에서 몸부림치던 김광석은 정말 생각지도 않게 믿지도 않던 존재의 이름이 생각 났습니다.

"하나님?"

과거에 많은 사람들이 하나님을 믿어라, 예수님을 믿으라고 말했지만 "웃기는 소리 하고 있네. 하나님 이 어딨어? 자기가 노력해서 성공하는 거지, 있지도 않은 하나님이 우리 인생을 뭘 어떻게 도와준단 말이 야?" 하고 무시하던 그 이름이었습니다. 그런데 지금 은 자신도 모르게 하나님이라는 이름을 소리 내어 부 르고 있었습니다. 자기 자신도 알 수 없는 일이었습 니다.

"하나님! 하나님이신가요? 내 인생을 움직이고 계 신 게 하나님인가요? 그렇다면 내게 왜 이런 시련을 주시는 거죠? 나를 시험하는 겁니까? 만약 당신이 정말 계시다면 나를 다시 일으켜 주십시오. 그렇다면 당신을 믿겠습니다. 당신은 정말 살아계신 겁니까? 그렇다며 나를 일으켜 주세요. 제발!"

뜨거운 눈물이 쉴 새 없이 흘러내렸습니다. 시간

이 얼마나 흘렀는지 벌써 새벽이 밝아오고 있었습니다. 밖에서 들어오는 아침 햇살이 쫙 비치더니 순간적으로 그의 몸을 관통했습니다. 빛과 함께 강한 한 줄기 바람이 가슴을 뚫고 지나갔습니다.

"아! 하나님…하나님."

가슴을 채운 분노, 억울함, 세상에 대한 증오, 망가져 버린 인생에 대한 서러움과 두려움 그 모든 아픔들이 바람이 지나간 가슴으로 빠져 나갔습니다. 그것은 참으로 신비스런 느낌이었습니다. 모든 것을 비워 낸 듯 가슴이 공허해지더니 비로소 마음이 평화로워졌습니다. 현실적인 상황은 달라진 게 아무것도 없지만 뭔가 다시 시작할 수 있을 거 같은 희망이 느껴졌습니다.

"언제까지 이렇게 숨어서 살 수는 없다. 당당하게 자수하고 죄 값을 치르자. 한번 실수했다고 인생이 끝나는 건 아니야. 죽은 자도 살리신 하나님이라면 분명히 내 인생을 다시 살리실 수 있으리라! 하나님께 내 인생을 맡기고 다시 시작하자."

그리고 그는 산을 내려와 경찰서로 향했습니다.

"제가 바로 김광석입니다!"

신문에 대문짝만하게 이름이 나왔던 사람이 제 발로 경찰서를 찾아가 자수한 것입니다.

'무슨 일이라도 할 수 있다. 하나님만 내 곁에 계신다면! 나도 이제 앞으로 하나님을 그리고 예수님을 제대로 한번 믿어 보리라.'

그는 주먹을 불끈 쥐었습니다. 잘 나가는 인생만 믿고 두려울 게 없던 김광석은 이렇게 모든 것을 잃은 절망 속에서 하나님을 만났습니다. 하나님은 그의 교만을 철저히 꺾으시고 하나님밖에는 의지할 데가 없다는 것을 절실하게 깨닫게 하신 후에 그를 찾아오셨습니다. 마치 나를 찾아오셨을 때처럼, 그리고 이 책을 읽는 당신을 찾아오셨을 때처럼 말입니다.

　　　　영등포교도소에서 56일을 살고 나
왔지만 하나님을 믿기로 한 그에게 또 다른 시험이
기다리고 있었습니다. 그것은 불교신자인 어머니와
의 갈등이었습니다.

　"한 집안에서 두 종교가 있으면 되는 일이 없는 법
이다. 어미가 불공을 드려서 네가 풀려난 거지 있지
도 않은 하나님이 너를 도와준 줄 아느냐. 오늘부터
는 벌금액수를 줄여달라고 다시 기도를 시작할 거야.
네가 엉뚱한 서양 귀신 믿는다고 경거망동하면 부정
이 타서 불공을 드려도 헛수고가 된다. 다시 절에 나
가야 한다. 알겠니?"

　결국 그는 어머니 손에 끌려 강제로 절에 나갔습니
다. 그 절 역시 그가 지어서 바친 절이었습니다. 절에
관계된 일이라면 모든 일을 제치고 뛰어들던 사람이
다시 나오니 사람들이 관심을 보이며 그동안의 일을

들려달라고 했습니다. 교회에서 간증을 하는 것처럼 말입니다. 마지못해 그는 마이크를 잡고 사람들 앞에 섰습니다. 형식적으로 몇 마디만 하고 내려올 생각이었는데 막상 사람들의 얼굴을 마주보니 그는 자기도 모르게 이렇게 이야기하기 시작했습니다.

"여러분, 저는 이제부터 하나님을 믿기로 작정했습니다!"

"뭐라고?"

사람들이 술렁거리기 시작했고 지켜보고 있던 그의 어머니 얼굴이 일그러졌습니다.

"제가 이번에 큰일을 치르면서 확실하게 깨달은 게 있는데 그건 보이지 않는 손이 우리의 삶을 조율하고 있다는 것입니다. 사람의 마음이란 아침 저녁으로 변하는 거라 믿을 수가 없습니다. 자기 마음을 스스로 수련하고 닦아보았자 믿을 수 없기는 마찬가지입니다. 오직 절대자만이 불변의 진리가 될 수 있습니다. 여러분 스스로를 돌아보세요. 왜 이렇게 우울한 표정이십니까? 신앙을 갖고 있다면서 왜 기쁨의 찬송이 나오지 않습니까? 우리들과 똑같은 사람에 불과한 부처님께 기도를 하면 마음이 편안하십니까? 화평이 찾아옵니까? 부처는 신이 아닙니다. 부처님께 백날 빈다고 해서 인생이 바뀔 수 있을 거라 믿습니까? 그건 착각에 불과합니다!"

그의 목소리가 마이크를 타고 부처님을 믿는 사람들 가운데 쩌렁쩌렁 울렸습니다. 어머니는 화가 나서 거의 정신을 잃을 지경이었습니다. 김광석은 다리가 후들거리고 자기가 무슨 말을 하는지 알 수가 없었습니다. 입술이 마치 저절로 움직이고 있는 것처럼 느껴졌습니다. 하나님이 예레미아를 쓰실 때 "내가 내 말을 네 입에 두었노라." 하신 것처럼 김광석의 입에서는 자신의 말이 아니라 하나님의 말이 나오고 있었습니다. 모든 일들이 하나님의 섭리 가운데서 일어나고 있었던 것입니다.

비록 어머니와 아내의 반대가 심했지만 김광석은 몰래 교회를 다니며 신앙생활을 계속해 나갔습니다. 몇 해가 지난 1984년 어느 날 밤 이상한 꿈을 꾸었습니다.

"하나님이 내려오십니다."

어떤 마을에 많은 사람들이 모여 있었습니다. 하나님이 내려오시는 걸 기다리고 있다고 했습니다. 그 말을 들은 김광석 역시 하나님을 만나볼 수 있다는 기대에 설레는 마음으로 기다렸습니다. 그리고 잠시 후 좀 떨어진 곳에 하나님이 내려오시자 사람들이 그리로 몰려들었습니다. 그런데 하나님이 이렇게 말씀하시는 것이었습니다.

"김광석이 누구냐?"

그는 깜짝 놀라 두 손을 번쩍 들고 외치며 하나님께 나아갔습니다.

"하나님, 저 여기 있습니다. 여기 왔습니다!"

김광석이 앞으로 나오자 하나님은 그의 머리에 손을 얹으시고는 부드러운 음성으로 이렇게 말씀하셨습니다.

"지금까지의 시련은 사랑의 매였단다. 얼마나 힘들었느냐, 얼마나 아팠느냐. 수고했다. 앞으로 내가 직접 너의 양식을 재리라."

주변의 사람들이 웅성거리며 그 모습을 지켜봤습니다. 하나님은 다시 하늘로 올라가셨습니다. 김광석이 눈을 떠보니 새벽 3시경이었는데 너무도 생생하여 하나님의 목소리가 아직까지 귓가에 울리고 있는 것 같았습니다. 꿈의 의미는 다 알 수 없었지만 알 수 없는 감동에 뜨거운 눈물이 흘러내렸습니다. 무언가 긴 터널이 지나고 앞으로는 희망의 길을 갈 수 있을 거 같았습니다.

"이제 정말 시련이 끝난 건가요? 제가 모든 시험을 이겨낸 겁니까? 하나님 제 삶을 인도해 주십시오. 저는 완전히 하나님께 백기를 들고 당신 앞에 나갑니다. 무릎을 꿇고 엎드립니다. 저를 받아 주세요!"

8억이 넘는 빚 때문에 하루도 편하게 잠을 자지 못하던 그는 그 이후로 두 다리를 뻗고 잘 수 있었습니다. 비록 현실적으로 해결해야 할 문제들은 많이 남아 있었지만 마음만은 점점 편해졌습니다. 하나님이 주는 화평이 그와 함께했습니다.

십일조를 가지고
하나님을
시험해 보았더니!

그해에 김광석은 사업을 시작했습니다. 아직 벌금 8억3천만 원은 그대로 남아 있었습니다. 돈을 갚지 못하면 법대로 830일이라는 거의 3년에 가까운 시간 동안 감옥살이를 해야 했습니다. 김광석은 8억3천만 원을 나눠서 내도 좋다고 법원의 허락을 얻어 화장품 회사를 차리고 새 출발을 했습니다. 빚 덩어리를 등에 지고 시작한 어려운 사업이었지만 약사 경험을 살려 품질이 우수한 '참존 화장품'을 내놓았습니다.

그러나 제품을 내놓으면 바로 인기를 끌 줄 알았지만 수천만 원을 들여 생산을 하면 수백만 원 어치 팔리는 게 고작이었습니다. 회사 문을 닫는 게 오히려 나을 판이었습니다. 그럴수록 그는 마음을 크게 먹고 이렇게 생각했습니다.

'하나님께서 더 큰 복을 주기 위해서 나를 시험하

는 거야. 하나님이 내 편인데 무엇이 겁이 난단 말인가. 내게 능력 주시는 하나님 안에서 내가 모든 것을 할 수 있다!'

어렵게 사업을 이어나가던 중 미국 출장길에 옛 친구를 만나게 되었습니다. 친구는 예전에 김광석에게 하나님을 믿으라고 권한 적이 있었습니다. 자기는 암에 걸렸다가 기도를 통해 병이 치유되었다면서 말입니다. 그때만 해도 김광석은 절에 다닐 때라 '기도로 병을 고친다는 게 말이나 되는 소리야? 예수님을 믿더라도 좀 상식이 있어야지.' 하며 친구의 말을 무시했었죠. 그러던 김광석이 예수님을 믿게 되어 친구를 다시 만나니 서로 반가움도 컸습니다. 몇 년 만에 만난 친구는 이제 막 예수님을 믿기 시작한 김광석을 위해 신앙생활에 대한 많은 이야기를 들려주었습니다.

"그런데, 광석이 자네, 십일조 생활은 제대로 하고 있나?"

"....!"

열성적으로 믿기 시작했다고는 하나 아직은 십일조를 하고 있지 않을 때라 김광석은 말문이 막혔습니다. 친구는 그런 김광석에게 이렇게 충고했습니다.

"십일조를 가볍게 생각하는 사람들이 많아. 돈을 벌기 위해 사업을 하는 사람일수록 십일조를 더욱 철저히 해야 해. 물질의 주인은 결국 하나님이 아닌가. 돈을 벌고 싶으면 먼저 물질의 주인인 하나님의 명령에 순종해야 한다네. 십분의 일이 아니라 그 이상을 드려도 좋아. 한 달에 한 번 하면 금액이 커져서 부담스러울 수 있으니 매주 나눠서 십일조를 드리도록 하게. 지금 나와 약속을 아예 하세. 앞으로는 십일조를 꼭 하겠다고 말이야."

벌금 갚을 것만 생각해도 동전 하나라도 아끼고 아껴야 하는 신세였는데 십일조라니. 마음이 내키지 않았습니다. 그런데 김광석의 입술은 마음과는 정 반대로 엉뚱하게 대답을 하고 있었습니다.

"알았어, 약속할게."

아차 싶었지만 이미 약속을 해버린 다음이었습니

다. 아주 무거운 숙제를 하나 받은 것처럼 마음이 갑갑했습니다.

미국 출장은 대성공이었습니다. 제품에 대한 안 좋은 소문이 퍼져서 그것을 해명하기 위해 세미나를 열었는데 오히려 제품을 대대적으로 홍보하는 기회가 된 것입니다. 그 일을 계기로 판매량이 급격하게 늘었습니다. 그리고 미국에서 돌아온 김광석은 친구와의 약속대로 십일조를 시작했습니다.

그런데 얼마 안 있다가 한 지인이 찾아와 뜬금없이 이런 질문을 던졌습니다.

"김 사장님은 크리스천이지요?"

김광석은 뻔히 자기가 교회를 다닌다는 것을 알면서도 그런 질문을 던지는 게 의아스러워 물끄러미 지인을 쳐다보았습니다. 그러자 지인은 또 이렇게 물었습니다.

"십일조는 하고 계신가요?"

"물론입니다."

친구와의 약속을 지키고 있던 김광석은 자신 있게

227

대답했습니다. 그러자 지인이 또 말했습니다.

"사업하는 사람이 십일조를 하기란 쉽지 않지요. 김 사장님은 십일조를 하고 있다니 십일조로 하나님을 한번 시험해볼 자격이 있군요."

"하나님을 시험한다고요?"

하나님을 시험하다니? 김광석은 너무나 건방진 일인 것처럼 느껴져 되물었습니다.

"그럼요. 말라기 3장 10절을 한번 읽어보세요. 그 구절에 해답이 있을 겁니다."

지인이 돌아간 후 김광석은 성경책을 펼쳐 보았습니다.

만군의 여호와가 이르노라. 너희의 온전한 십일조를 창고에 들여 나의 집에 양식이 있게 하고 그것으로 나를 시험하여 내가 하늘 문을 열고 너희에게 복을 쌓을 곳이 없도록 붓지 아니하나 보라.

(말라기 3장 10절)

눈이 번쩍 뜨이는 것 같았습니다. 그리고 불현듯 예전에 꾸었던 꿈이 생각났습니다.

"이제부터는 내가 직접 너의 양식을 재리라!"

꿈에서 본 하나님은 김광석의 양식을 직접 채워주신다고 했습니다. 그런데 성경은 먼저 하나님의 집에 양식이 있게 하라고 하십니다. 그러면 복을 부어 주신다고 말입니다. 김광석은 마음이 아주 혼란스러웠습니다. 하루 종일 성경 말씀의 뜻을 생각하느라 머리에 쥐가 날 것만 같았습니다.

하나님이 김광석에게 다시 손을 내밀어 주고 있었던 것입니다. 그냥 평범하게 믿고 평범하게 복을 받으면 될 것을, 하나님은 좀 더 김광석을 강하게 이끌어 크게 쓰시기를 원했습니다. 그래서 미국에서 만난 친구를 통해 십일조를 하게 하고 또 뜬금없이 지인을 보내어 김광석의 마음을 자꾸 일깨워주셨던 것입니다. 더 큰 일을 감당케 하여 더 큰 복을 부어 주시기 위한 하나님의 섭리였습니다. 김광석은 지혜롭게도 하나님의 섭리대로 따랐습니다.

"좋습니다. 하나님, 저도 하나님을 시험해 보고 싶습니다. 바로 다음 주에 십일조를 할 때 십분의 일이 아니라 십분의 이를 드리겠습니다. 제 사업이 지금 어렵다는 걸 주님이 더 잘 알고 계십니다. 빚도 갚고 직원들 월급 주고 나면 남는 게 하나도 없는 상태라는 걸 말입니다. 그럼에도 불구하고 기쁘게 십분의 이조를 드리겠습니다. 대신에 다음 달 매출을 두 배로 늘려 주십시오. 저는 성격이 아주 급한 편입니다. 1년 후가 아니라 바로 다음 달에 증거를 보여 주십시오!"

김광석은 사업가 기질을 십분 발휘하여 하나님께 단단히 당부를 해두고 조건을 달았습니다. 인간이 어떻게 감히 하나님을 시험할 수 있겠습니까. 그러나 하나님은 단 한 가지, 십일조에 대해서만큼은 당신을 시험해 보라고, 맘껏 시험해 보라고 성경을 통해 말씀하고 계셨습니다. 김광석은 그 말씀을 의지하여 다부지게 하나님을 향해 밀어붙였습니다.

"하나님, 분명히 보여주셔야 합니다. 하나님을 시

험해 보라고 하셨죠? 약속시한은 정확히 한 달, 한 달 안에 두 배의 매출을 보여 주십시오!"

일주일이 지나고 이주일이 지났습니다. 아무 변화가 없었습니다. 김광석은 기도 응답을 믿고 기쁘게 계속 십분의 이조를 헌금했습니다. 그리고 3주째로 되던 무렵. 전국의 화장품 대리점은 물론 해외에서도 갑자기 주문이 밀려들기 시작했습니다. 새로 개발한 신제품이 대박을 터뜨린 것입니다. 직원들을 3교대로 짜서 공장을 24시간 내내 가동시켰습니다. 그래도 밀려드는 주문량을 다 맞추지 못해 발을 동동 구를 정도였습니다.

그럴수록 김광석은 계속해서 기도만 드렸습니다. 직원들은 눈코 뜰 새 없이 바쁜 상황에서 사장이 왜 기도만 드리고 있는지 알 수 없었습니다. 그러나 김광석은 십일조를 통한 시험에 응답하고 계시는 하나님에게 감격스러워 무릎을 꿇지 않을 수 없었습니다. 전달에 1억 원이던 매출이 그 달에는 8억 원으로 껑충 뛰어 올랐습니다. 십분의 이조를 바칠 테니 매출 2

231

배를 달라고 했는데, 2배가 아니라 8배를 주신 것입니다. 그는 온몸에 소름이 쫙 끼쳤습니다.

"하나님, 이제 알았습니다. 더 이상 하나님을 시험하지 않겠습니다. 살아계시고 저를 위해 역사하시는 주님을 더 이상 시험하지 않을 겁니다."

그것은 축복의 시작이었을 뿐입니다. 매출은 계속해서 늘어갔고 회사도 성장해 갔습니다. 그리고 1989년 12월, 남아 있는 벌금을 일시에 갚을 수 있었습니다. 벌금을 일시에 갚으려 하자 법원 직원이 말렸습니다.

"아니, 김 사장님. 나눠서 내셔도 됩니다. 천천히 조금씩 납부하세요."

"아닙니다. 다 낼 겁니다. 지난 80년대의 비극은 이것으로 끝입니다. 저는 이제 완전히 새사람이니까 정말 새롭게 90년대를 살 겁니다!"

옛것은 지나갔으니 새 것을 입었습니다. 옛 사람은 모두 지나가고 새사람이 된 것입니다. 하나님께서 새사람이 된 그에게 새로운 인생을 열어주고 계셨습니다.

몇 년 후 김광석은 미국에 있는 한 교회의 초청으로 간증을 하게 되었습니다.

"부자가 되고 싶으십니까? 부자가 되고 싶으면 먼저 자신이 왜 부자가 되려 하는지를 생각해야 합니다. 저는 벌금 8억 3천만 원이라는 빚더미 위에서 사업을 시작했습니다. 아무것도 없이 맨손으로 사업을 시작하는 사람이 저는 제일 부러웠습니다. 그런데 하나님은 제게 엄청난 축복을 부어주셨습니다. 저는 이제 부자가 되는 비결을 알고 있습니다. 그 첫 번째 비결이 바로 십일조입니다. 지금부터 십일조가 가져다준 축복을 말씀드리겠습니다."

이렇게 이야기를 꺼내자 사람들의 눈빛이 초롱초롱 빛나기 시작했습니다. 김광석은 빠르게 말을 이어 나갔습니다.

"저는 십일조가 아니라 십분의 이조로 하나님을 시험해본 사람입니다. 아, 정말 무섭더군요. 하나님께서 소나기 같은 복을 퍼부어 주시는데…제가 감당하기 어려울 지경이었습니다…"

사람들이 숨죽은 듯이 고요하게 집중하기 시작했습니다. 십일조, 그것은 많은 신자들이 알면서도 외면하고 있는 과제였기 때문입니다. 더구나 십일조를 하고 복을 받았다고 하니 귀가 솔깃하지 않을 수 없었습니다.

10분이라는 짧은 시간이었지만 김광석은 자신이 십일조를 통해 어떤 복을 받고 사업을 일으켜 벌금도 갚고 부자가 되었는지 열성적으로 간증했습니다. 10분 간증이 끝나고 인사를 하자 교인들이 너도나도 일어나서 박수를 쳤습니다. 예상치 못한 반응이었습니다. 그러자 담임목사가 김광석에게 말했습니다.

"김 회장님, 부탁드리겠습니다. 10분이 아니라 처음부터 더 자세히 말씀해 주십시오. 이렇게 은혜로운 간증은 처음입니다."

김광석이 다시 강단에 올랐습니다. 그리고 다시 처음부터 자신이 어떻게 예수님을 믿게 되었고 하나님의 축복으로 다시 일어설 수 있었는지 십일조를 통해 얼마나 큰 은혜를 받았는지 간증했습니다. 누군가는 흐느꼈습니다. 또 누군가는 자신의 가슴을 치면서 회개 기도를 했습니다. 누군가는 엎드려 통곡을 했습니다. 그곳에 성령이 함께 하셨습니다. 하나님은 김광석이라는 한 사람을 벼랑 끝에서 일으켜 세우시더니 또 그 한 사람을 통해 다른 영혼들의 문을 두드리고 계셨습니다. 그것이 사람을 향해 하나님이 일하시는 방식이었습니다. 그렇기에 하나님의 일으킴을 받은 사람은 다른 사람에게 전할 사명이 있는 것입니다.

주가 쓰시겠다면,
주님이 하라고 하시면

　　　　주일성수와 십일조, 성경 공부 등
김광석은 착실하게 신앙생활을 해나갔습니다. 그토
록 교회 가는 것을 말리던 아내도 신앙생활에 동참하
게 되었고 일가친척들도 믿음을 갖게 되어 신앙집안
으로 거듭났습니다. 김광석은 보다 신앙생활을 적극
적으로 하기 위해 아예 몸담고 있는 소망교회 부근으
로 이사를 갔습니다. 이사를 간 다음해인 1992년 곽
선희 목사가 조용히 그를 불렀습니다.

"김 집사님. 중국 옌볜에 과기대가 곧 개교하는데
방송과 어학시설 기자재가 필요하답니다. 7천만 원
쯤 든다는데 집사님이 다른 분들과 뜻을 모아서 함께
지원 좀 해주십시오."

곽 목사의 입장에서는 조심스럽고 어렵게 이야기
를 꺼낸 것이었습니다. 지원 제안에 김광석은 흔쾌히
대답했습니다.

"목사님, 제가 혼자 다 하겠습니다. 그 복 받을 기회를 왜 나눕니까. 제가 몽땅 다할 겁니다. 다른 사람과 힘을 합치지 않아도 됩니다."

김광석은 방송 어학시설뿐만 아니라 나중에 5억 원을 더 보태서 과기대에 공학관을 아예 세워주었습니다. 하나님으로부터 받은 재물인데 하나님을 위해 쓰는 게 당연하다고 그는 생각했습니다.

또 1996년 말 곽선희 목사가 은밀히 김광석을 불렀습니다.

"올해 내가 자랑스런 프린스턴상을 받고 미국 풀러신학대학교를 방문했는데 한국 학생이 300명도 넘게 세계 학생들과 공부하고 있더군요. 그런데 한국인 카운슬러가 한 명도 없어요. 카운슬러를 채용하려면 1년에 5만 달러가 들어간대요. 100만 달러 기금을 마련해 놓으면 그 이자로 한국인 직원 한 사람을 채용할 수 있다고 합니다. 우리보다 교회가 덜 발달한 일본에서도 기금을 마련했다는데 아직 한국 교회는 기금을 마련하지 못하고 있답니다. 현지에서 그 말을 듣고 문득 김 집사님 생각이 났어요."

곽선희 목사의 설명을 들으면서 김광석은 온몸에 전율이 일었습니다. 또 하나님이 뭔가 자신을 쓰시려고 한다는 느낌이 들었기 때문입니다.

그는 가만히 설명을 듣고 곽 목사를 한참 바라보다가 말했습니다.

"목사님, 문득 성경 구절이 하나 떠올랐어요. 그것을 말씀드려도 될까요?"

곽 목사는 의아스런 표정으로 고개를 끄덕였습니다. 김광석은 곽 목사를 마주 보면서 또박또박 마태복음 21장 2, 3절 구절을 외기 시작했습니다.

"너희는 맞은편 마을로 가라 그리하면 곧 매인 나귀와 나귀 새끼가 함께 있는 것을 보리니, 풀어서 내게로 끌고 오라. 만일 누가 무슨 말을 하거든 주가 쓰시겠다고 하라, 그리하면 즉시 보내리라."

주가 쓰시겠다 하라! 예수님이 십자가의 고난을 준비하시러 예루살렘에 들어갈 때 타고 가실 나귀를 구해오라고 제자들을 보내며 하신 말씀이었습니다. 그 말씀을 외는 김광석은 떨면서 눈물을 흘렸습니다. 성령이 주시는 감동으로 온몸이 뜨거웠습니다.

"주님이 쓰시겠답니다. 목사님, 주가 쓰시겠다는데 종이 감히 무슨 말을 하겠습니까? 주님이 오라면 오고 가라면 가고, 그저 순종할 뿐입니다. 수많은 교인 중에서 저를 선택해서 기회를 주시는 하나님의 은혜에 감사할 뿐입니다. 목사님, 즉시 100만 달러를 준비하겠습니다."

곽 목사의 눈도 벌겋게 뜨거워졌습니다. 곽 목사는 아무 말 없이 슬그머니 고개를 숙이더니 안경을 벗고 눈물을 닦았습니다. 그리고 다시 김광석을 바라보았습니다.

"김 집사님, 내가 목회를 하면서 이렇게 성도에게 큰 감동을 받기는 처음입니다. 주님이 쓰시겠다는데 우리가 무엇을 아끼겠습니까? 주가 쓰시겠다 하라! 저에게 아주 좋은 설교 제목을 하나 주셨습니다."

그러나 아무리 사업이 승승장구 하고 있다고 해도 100만 달러를 마련하는 것은 쉬운 일이 아니었습니다. 건물을 하나 팔아서 마련하려고 했는데 외환위기가 닥쳐 경제상황이 안 좋을 때라 도무지 건물을 사겠다고 나서는 사람이 없었습니다. 하는 수없이 은행에서 대출을 내어서 어렵게 100만 달러를 마련했습니다.

 믿음은 자기 혼자 구원만 받았다고 끝이 아니었습니다. 하나님 나라에 들어가기 전에 하나님이 맡기신 많은 일들에 순종하는 것이 진정한 믿음이었습니다. 행함이 없는 믿음이 아니라 행함이 있는 믿음으로 살아있기 위해서 말입니다.

 1998년 12월 29일. 그날은 김광석에게 아주 특별한 날입니다. 바로 새벽기도를 시작한 날이기 때문입니다. 온전한 믿음생활이라는 게 단순히 주일성수와 십일조, 성경공부를 한다고 완성되는 것은 아니었습니다. 그런 것들은 오히려 쉬운 일이었습니다. 정말 어려운 것은 세상에 널려 있는 온갖 즐거운 일들을 스스로 자제하고 성결한 생활을 하는 것이었습니다. 돈과 건강이 있으면 즐길 만한 일이 너무나 넘치는 세상에 살고 있으니까요. 새벽기도는 그러한 세상의 유혹을 이겨내는 데 큰 힘이 되었습니다.

김광석은 새벽기도를 시작한 이후 밤 9시가 되면 집으로 돌아갑니다. 함께 어울리던 친구가 있더라도 "새벽기도를 드려야 한다."며 양해를 구하곤 합니다. 그리고 다음날 새벽 4시면 어김없이 일어나 새벽기도를 준비합니다. 그에게는 새벽 4시부터 예배를 마치고 돌아오는 6시 20분까지가 하루 24시간에 대한 시간의 십일조입니다. 그는 이렇게 새벽마다 제단을 쌓습니다. 그리고 하나님과 속삭이듯 크고 작은 모든 일들을 새벽기도 시간에 하나님께 아룁니다. 사업상의 고민이나 전략들은 모두 기도 시간에 생각합니다.

그는 새벽기도를 통해 다섯 가지를 얻었다고 강조합니다.

첫째가 '평강'과 '희락'의 열매입니다. 새벽기도를 드리면서 마음에는 늘 평안과 감사가 넘치게 되었고 사업이 잘되면 잘돼서 감사하고 안되면 안돼도 감사하였습니다. 모든 것을 하나님께 맡기고 그런 마음으로 사업을 하니 사업도 더 잘 풀려 나갔습니다.

둘째가 '가족의 안녕'과 '평화'입니다. 새벽기도를 하는 동안 50여 명의 직계 가족들이 모두 예수님을 영접하게 되었고 예전보다 화목해지고 크고 작은 문제들이 사라지고 평탄해졌습니다.

셋째가 '물질의 축복'이었고 넷째는 명예, 다섯째는 건강이었습니다.

많은 크리스천 사업가들이 그에게 와서 사업이 어렵다고 고충을 털어놓으며 김광석의 비결을 묻곤 합니다.

"그 많은 빚더미 속에서 도대체 어떻게 일어날 수 있었습니까? 사업 성공의 비결이 무엇입니까? 그것을 좀 가르쳐 주세요."

"암요, 사업성공의 비결이 있지요. 첫째는 철저한 십일조입니다. 돈을 많이 벌수록 십일조가 쉽지 않습니다. 십일조 액수가 커지기 때문에 아까운 생각이 들죠. 그러나 인색한 마음으로 드리면 아무 복이 되지 않습니다. 아예 준비해 두었다가 드려야 합니다.

둘째 비결은 바로 새벽기도입니다. 온전한 십일조를 하는데도 축복을 받지 못한다면 그 다음 대안이 바로 '새벽기도'죠. 기도시간에 하나님은 놀라운 지혜를 주십니다. 나는 예수를 믿어 복을 받은 사람입니다. 예수를 믿어 저주를 받는다면 누가 예수를 믿겠습니까? 셋째 비결은 청지기 정신입니다. 모든 재물은 하나님 것이고 나는 청지기, 종에 불과합니다. 모든 걸 하나님께 맡기면 하나님이 책임져 주시니 걱정할 것도 없고 마음이 편안합니다. 그러면 사업도 더 잘되죠. 십일조, 새벽기도, 청지기 정신! 이 세 가지가 저의 성공비결입니다."

만약 예수님을 믿지 않았다면 그는 아직도 8억3천만 원이라는 벌금의 늪에서 허우적거리고 있을지 모릅니다. 만약 예수님을 믿지 않았다면 지금과 같은 감사와 평강은 누리지 못했을 것입니다.

"내가 만약 예수님을 믿지 않았다면…"

그는 이렇게 가정만 해봐도 온몸에 소름이 끼친다고 말합니다. 우리에게 약속된 천국이 있다는 것만으

243

로도 큰 축복일 텐데 하나님께서는 이 세상을 살아가
는 동안에도 수많은 축복들을 채워 주십니다. 모든
시간과 모든 재물의 주인이 하나님이라는 고백이 우
리 입술과 행동에 항상 머무르기를 기도합니다.

하나님은 어떤 십일조를 기뻐하시고
어떤 축복을 약속하셨나?
그리스도 예수 안에서 너희 모든 쓸 것을 채우
시리라

"염려하여 이르기를 무엇을 먹을까 무엇을 마실까 무엇
을 입을까 하지 말라…
너희 하늘 아버지께서 이 모든 것이 너희에게 있어야 할 줄
을 아시느니라. 그런즉 너희는 먼저 그의 나라와 그의 의를
구하라 그리하면 이 모든 것을 너희에게 더하시리라."

(마태복음 6 : 31 ~ 33)

믿음으로 드리는 십일조

창세기에 나오는 가인과 아벨은 똑같이 제사를 드렸으나 하나님께서는 가인의 제물은 받지 않으시고 아벨의 것만 받으셨습니다. 아벨은 믿음으로 더 나은 제사를 드려 의로운 자가 되었다고 성경은 말하고 있습니다.

마찬가지로 십일조를 바치더라도 그 안에 하나님에 대한 진실한 믿음이 빠져 있다면 하나님은 기뻐하지 않으십니다. 돈의 크기보다는 마음의 크기가 중요합니다.

예수님은 백성들이 헌금을 내는 것을 보고 계시다가 한 과부가 두 렙돈을 넣는 것을 보시고 "이 가난한 과부가 모든 사람보다 많이 넣었도다. 이 과부는 구차한 중에서 자기의 있는 바 생활비 전부를 넣었느니라."하고 말씀하셨습니다. 과부는 비록 아주 적은 헌금을 하였지만 자신이 처한 가난한 상황에서 정성을 다한 믿음을 하나님께 보여드린 것입니다.

우리는 하나님이 주신 십일조 계명을 철저히 지켜나

가되 형식으로만 지킬 것이 아니라 항상 하나님에 대한 사랑과 믿음을 그 안에 담아야 한다는 것을 잊지 말아야 합니다.

또한 믿음은 마음으로만 가지고 있다고 해서 온전한 것이 아닙니다. 성경은 행함이 없는 믿음은 죽은 믿음이라고 했고, 예수님은 하나님께서 겉과 속을 다 지으셨으니 둘 다 중요하다고 말씀하셨습니다. 따라서 우리 속에 있는 믿음을 하나님이 주신 방식으로 반드시 표현해야 합니다.

하나님께서는 아들 이삭을 바치려는 아브라함의 행동을 보시고 "내가 이제야 네가 하나님을 경외하는 줄을 아노라."하셨습니다. 우리가 표현하지 않는다면 무엇으로 하나님을 경외하는 마음을 증명하겠습니까.

다음과 같은 자세로 온전한 십일조를 드리며 우리의 신앙고백을 하늘에 올려 드릴 때 하나님께서는 기뻐 받으시고 우리를 향하여 하늘 문을 열어 주실 것입니다.

★ 고백하는 마음으로

인생의 주인이 내가 아니라 하나님임을 고백하는 마음으로 십일조를 드려야 합니다. 또 재물의 주인도 하나님이시고 돈을 버는 능력 또한 하나님이 주신 것입니다. 우리는 그것을 올바로 관리해야 하는 청지기일 뿐입니다.

★ 순종하는 마음으로

하나님의 계명에 순종하는 마음으로 드려야 합니다. 십일조는 하나님이 명령하신 계명으로 신자가 평생에 걸쳐 삶 속에서 지켜나가야 하는 것입니다.

★ 감사하는 마음으로

이미 받은 은혜와 앞으로 부어주실 은혜에 감사하는 마음으로 드려야 합니다. 다만 앞으로 받을 은혜만 바라보고 십일조를 복을 받기 위한 투자행위로 여기는 것은 잘못된 것입니다.

★ 기뻐하는 마음으로

인색하지 않고 기뻐하는 마음으로 드려야 합니다.
"각각 그 마음에 정한 대로 할 것이요 인색함으로나
억지로 하지 말지니, 하나님은 즐겨 내는 자를 사랑
하시느니라." 했습니다. (고린도후서 9:7)

★ 주님의 몸 된 교회를 위하는 마음으로

하나님의 전인 교회와 교회의 일을 돕는 마음으로 드
려야 합니다. 십일조는 본래 성전에서 일하는 레위지
파를 지원하고 예배 경비를 충당하고 교회가 어려운
사람들을 구제하는 데 쓰라고 명령하신 것입니다. 그
러니 십일조를 교회에 내는 것이 곧 하나님께 바치는
것이 됩니다.

★ 정해진 장소에

십일조는 아무데나 갖다 내는 게 아니라 하나님이 정
하신 장소인 성전에 드려야 합니다. 이스라엘 백성들

은 정해진 장소에서만 제사를 드렸습니다. 십일조는 제단이 있는 곳에 드려야 하며 오늘날의 교회가 바로 그곳입니다. 관련 단체 아무 데나 내거나 이 교회 저 교회에 내는 것도 바람직하지 않습니다. 자신이 소속된 교회에 뿌리를 내리는 것이 올바른 믿음의 자세라 하겠습니다.

★ 규칙적으로

지속적으로 정해진 기간마다 드려야 합니다. 냈다가 안 냈다가 불규칙하게 한다면 하나님과의 지속적인 관계를 포기하는 것과 같습니다.

. . .

하늘 문을 여시는 축복

우리가 십일조를 하는 것은 축복을 받기 위해서가 아니라 이미 받은 축복에 감사하기 위해서입니다. 그런데도 하나님은 우리에게 채워 주실 미래의 축복에 대해 수많은 언약을 주셨습니다.

첫째, 십일조를 함으로써 하나님과 동행하는 축복
을 누릴 수 있습니다.
히스기야 왕의 경우에서 보았듯이 십일조를 되살림
으로써 믿음을 되살리고 하나님과의 관계를 회복할
수 있습니다. 하나님과의 관계를 회복한다면 세상을
살아가는 동안에 하나님과 동행할 수 있습니다. 가
장 큰 저주는 하나님과 함께 하지 못하는 것이듯이,
가장 큰 축복은 하나님과 동행하는 것입니다.

둘째, 물질의 축복을 약속하셨습니다.
우리가 온전한 십일조를 할 때 하나님은 하늘 문을
열고 축복을 부어 주시겠다고 약속하셨습니다. 그것
도 쌓을 곳이 없을 정도로 말입니다. 우리가 드리는

것은 아주 작지만 하나님은 30배, 60배, 100배의 축복을 부어주십니다. 성경의 수많은 곳에서 그러한 축복에 대한 약속들이 기록되어 있습니다.

• 우리가 만족하게 먹었으나 남은 것이 많으니, 이는 여호와께서 그의 백성에게 복을 주셨음이라 그 남은 것이 이렇게 많이 쌓였나이다.

(역대하 31 : 10)

• 네 몸의 자녀와 네 토지의 소산과 네 짐승의 새끼와 소와 양의 새끼가 복을 받을 것이며 네 광주리와 떡 반죽 그릇이 복을 받을 것이며 네가 들어와도 복을 받고 나가도 복을 받을 것이니라.

(신명기 28 : 4~6)

• 너를 위하여 하늘의 아름다운 보고를 열어, 네 땅에 때를 따라 비를 내리시고 네 손으로 하는 모든 일에 복

을 주시리니.

(신명기 28 : 12)

● 네 창고가 가득히 차고 네 포도즙 틀에 새 포도즙
이 넘치리라.

(잠언 3 : 10)

● 내가 하늘 문을 열고 너희에게 복을 쌓을 곳이 없
도록 붓지 아니하나 보라.

(말라기서 3 : 10)

● 너희 땅이 아름다워지므로 모든 이방인들이 너희
를 복되다 하리라.

(말라기서 3 : 12)

이 책에서 살펴본 록펠러, 존 워너메이커 등의 인물들
도 철저한 십일조 생활을 통해 하늘 문을 열고 물질의

축복을 누린 사람들입니다. 그들은 하나님으로부터 받은 재물을 자기 것이라 여기지 않고 사회에 환원하고 주의 일에 쓰도록 십일조 외에도 수많은 기부를 함으로써 청지기로서의 역할을 다하고자 노력했습니다.

셋째, 보호의 축복을 누릴 수 있습니다.
십일조를 해야 당당히 하나님의 백성이 될 수 있습니다. 하나님은 자신의 백성들을 고아와 같이 버려두지 않으시고 끝까지 책임지십니다.

넷째, 자손들에게까지 축복이 이어집니다.
하나님은 아브라함의 믿음을 보시고 그 자손들을 크게 성하게 하겠다고 약속하셨고 야곱의 믿음을 보시고 야곱의 자손들에게 땅을 주시리라 약속하셨습니다.

우리가 십일조로 믿음의 본을 보일 때 본을 받아 자녀들의 믿음이 바로 서서 하나님의 축복이 이어질 수 있습니다.

십일조는 하나님이 우리에게 축복을 주시기 위한 것입니다. 그러나 하나님의 축복은 아무에게나 부어주시는 값싼 것이 아닙니다. 하나님은 "무엇을 먹을까 무엇을 마실까 무엇을 입을까 염려하지 말고 먼저 하나님의 나라와 의를 구하라."고 말씀하십니다. 내가 받을 축복만을 바라보는 마음으로는 참된 십일조를 할 수 없습니다. 자기가 받을 축복만을 생각하는 것은 구복주의적인 신앙에 그칠 수밖에 없습니다.

우리가 하나님의 나라와 그 의를 바라보고 교회와 하나님의 일에 헌신하는 자세를 가질 때 우리의 십일조가 진정으로 온전한 십일조가 될 수 있습니다. 그리고 "그 모든 것을 더하시고 쓸 것을 채우시는" 하나님의 은혜를 누릴 수 있습니다.